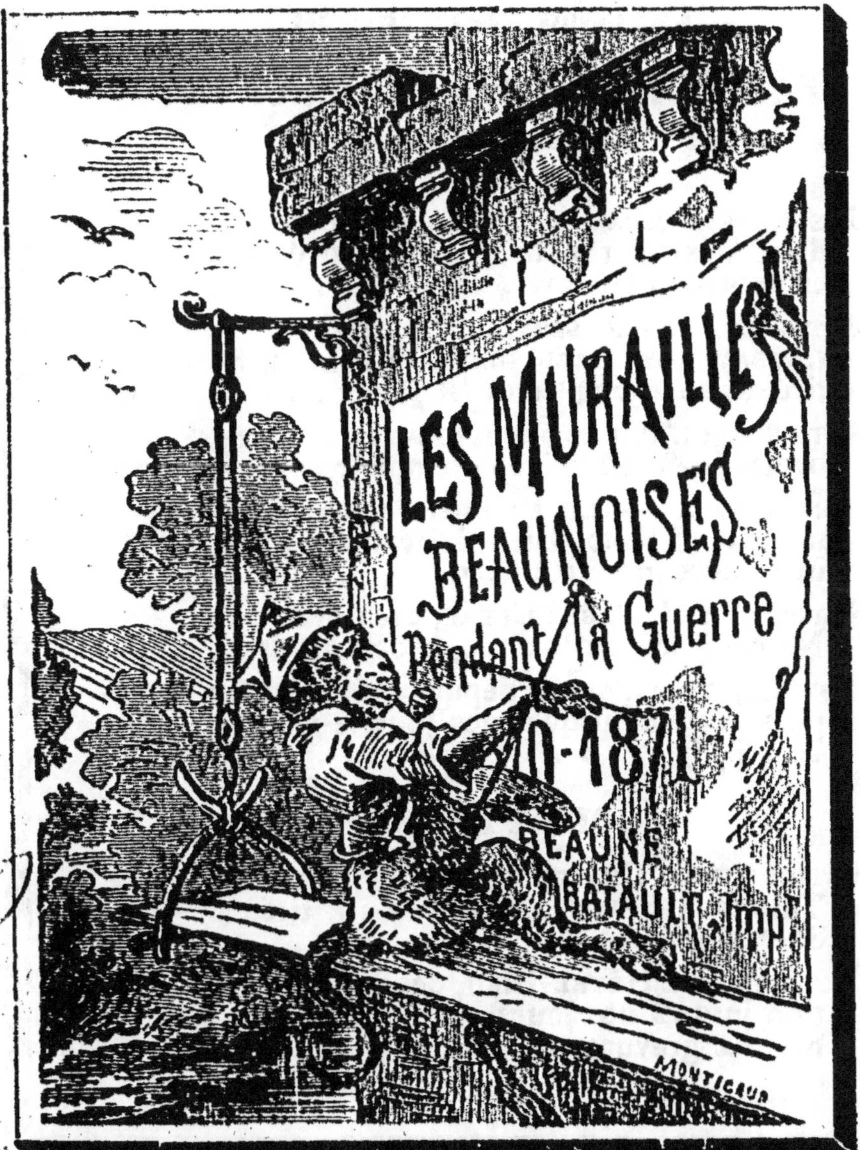
LES MURAILLES
BEAUNOISES
Pendant la Guerre
0-1871
BEAUNE
BATAULT, Impr
MONTICAUD

LES
MURAILLES BEAUNOISES

Pendant la Guerre 1870-1871

LES MURAILLES BEAUNOISES

PENDANT LA GUERRE

1870-1871

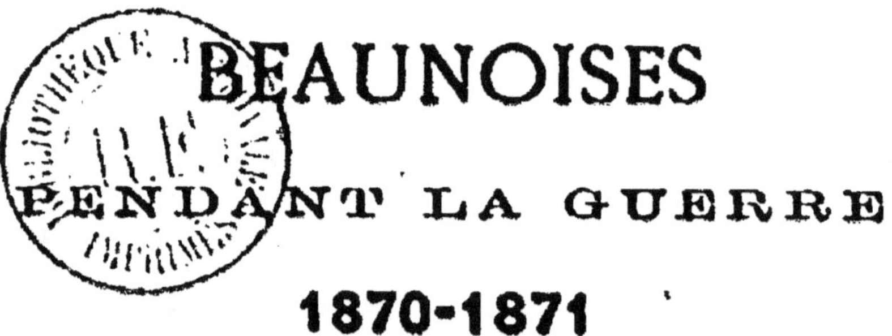

BEAUNE

ED. BATAULT-MOROT, IMPRIMEUR-ÉDITEUR

—

1876

AVANT-PROPOS

AU LECTEUR,

Ce n'est pas un LIVRE que nous avons la préten-
tion de présenter au public.

Modeste compilateur, nous nous sommes conten-
té de réunir et de classer, suivant leurs dates, une
série de documents précieux pour celui qui voudrait
un jour écrire l'histoire de notre pays, pendant
cette période néfaste de la guerre allemande.

Parmi les documents que nous présentons sans
commentaires, et tels qu'ils s'étalaient sur nos
murailles, les uns se rattachent à l'histoire générale,
les autres ne présentent qu'un intérêt local.

Tous vous les avez lus, et à part ceux dont la cé-
lébrité a dépassé nos murs, à part ceux qui sont
légendaires et qui ne peuvent pas périr, déjà peut-
être, vous les avez oubliés.

Les sauver de l'oubli, pour l'instruction et l'édi-
fication de nos descendants, tel a été notre but.

S'il est vrai que c'est dans l'histoire du passé que
l'on trouve des leçons et de grands enseignements
pour l'avenir, que de leçons et que d'enseignements
à tirer de la lecture de ces documents historiques !

PREMIÈRE PARTIE

DU 15 JUILLET AU 30 OCTOBRE 1870

LES

MURAILLES BEAUNOISES

N° 1.

EMPIRE FRANÇAIS

DÉPÊCHES TÉLÉGRAPHIQUES

Paris, 15 juillet 1870, 4 heures du soir.

Le Ministre de l'Intérieur à MM. les Préfets et Sous-Préfets :

M. le Garde des sceaux et M. le Ministre des affaires étrangères ont fait au Sénat et au Corps législatif la déclaration suivante :

« La manière dont vous avez accueilli notre déclaration du 6 juillet nous ayant donné la certitude que vous approuviez notre politique et que nous pouvions compter sur votre appui,

nous avons aussitôt commencé les négociations avec les puissances étrangères afin
d'obtenir leurs bons offices auprès de la Prusse
pour qu'elle reconnût la légitimité de nos griefs.

« Dans ces négociations, nous n'avons rien
demandé à l'Espagne, dont nous ne voulions
ni éveiller les susceptibilités ni froisser l'indépendance. Nous n'avons pas agi auprès du
prince de Hohenzollern, que nous considérons
comme couvert par le roi de Prusse ; nous
avons également refusé de mêler à notre discussion aucune récrimination ou de la faire
sortir de l'objet même dans lequel nous l'avions
renfermée dès le début. La plupart des puissances étrangères ont été pleines d'empressement à nous répondre et elles ont avec plus
ou moins de chaleur admis la justice de notre
réclamation.

« Le Ministre des affaires étrangères prussien nous a opposé une fin de non-recevoir,
en prétendant qu'il ignorait l'affaire et que le
cabinet de Berlin y était resté étranger.

« Nous avons dû alors nous adresser au roi
lui-même, et nous avons donné à notre am-

bassadeur l'ordre de se rendre à Ems auprès de Sa Majesté. Tout en reconnaissant qu'il avait autorisé le prince de Hohenzollern à accepter la candidature qui lui avait été offerte, le roi de Prusse a soutenu qu'il était resté étranger aux négociations poursuivies entre le gouvernement espagnol et le prince de Hohenzollern, qu'il n'y était intervenu que comme chef de famille et nullement comme souverain, et qu'il n'avait ni réuni ni consulté le conseil de ses ministres. Sa Majesté a reconnu cependant qu'elle avait informé le comte de Bismarck de ces divers incidents.

« Nous ne pouvions considérer ces réponses comme satisfaisantes ; nous n'avons pu admettre cette distinction subtile entre le souverain et le chef de famille, et nous avons insisté pour que le roi conseillât et imposât au besoin au prince Léopold une renonciation à sa candidature.

« Pendant que nous discutions avec la Prusse, le désistement du prince Léopold nous vint du côté d'où nous ne l'attendions pas, et nous fut remis le 12 juillet par l'ambassadeur d'Espagne.

« Le roi ayant voulu y rester étranger, nous lui demandâmes de s'y associer et de déclarer que si, par un de ces revirements toujours possibles dans un pays sortant d'une révolution, la couronne était de nouveau offerte par l'Espagne au prince Léopold, il ne l'autoriserait plus à l'accepter, afin que le débat pût être comme définitivement clos.

« Notre demande était modérée ; les termes dans lesquels nous l'exprimions ne l'étaient pas moins. « Dites bien au roi, écrivions-nous
« au comte Benedetti, le 12 juillet, à minuit,
« dites bien au roi que nous n'avons aucune
« arrière-pensée, que nous ne cherchons pas
« un prétexte de guerre, et que nous ne de-
« mandons qu'à résoudre honorablement une
« difficulté que nous n'avons pas créée nous-
« mêmes. »

« Le roi consentit à approuver la renonciation du prince Léopold, mais il refusa de déclarer qu'il n'autoriserait plus à l'avenir le renouvellement de cette candidature.

« J'ai demandé au roi, nous écrivait le 13
« juillet, à minuit, M. Benedetti, de vouloir

« bien me permettre de vous annoncer, en
« son nom, que si le prince Léopold de Hohen-
« zollern revenait à son projet, Sa Majesté
« interposerait son autorité et y mettrait ob-
« stacle. Le roi a absolument refusé de m'au-
« toriser à vous transmettre une semblable
« déclaration. J'ai vivement insisté, mais sans
« réussir, à modifler les dispositions de Sa
« Majesté. Le roi a terminé notre entretien en
« me disant qu'il ne pouvait ni ne voulait
« prendre un pareil engagement, et qu'il de-
« vait, pour cette éventualité comme pour toute
« autre, se réserver la faculté de consulter les
« circonstances. »

« Quoique ce refus nous parût injustifiable,
notre désir de conserver à l'Europe les bien-
faits de la paix était tel que nous n'avons pas
rompu les négociations, et que, malgré notre
impatience légitime, craignant qu'une discussion ne les entravât, nous vous avons demandé d'ajourner nos explications jusqu'à aujour-
d'hui. Aussi, notre surprise a-t-elle été profonde
lorsque hier nous avons appris que le roi de
Prusse avait notifié par un aide-de-camp à notre

mbassadeur qu'il ne le recevrait plus, et que,
our donner à ce refus un caractère non équi-
oque, son gouvernement l'avait communiqué
fficiellement aux cabinets de l'Europe.

« Nous apprenions en même temps que M. le
aron de Werther avait reçu l'ordre de pren-
ré un congé, et que des armements s'opéraient
n Prusse.

« Dans ces circonstances, tenter davantage
our la conciliation eût été un oubli de dignité
t une imprudence.

« Nous n'avons rien négligé pour éviter une
uerre, nous allons nous préparer à soutenir
elle qu'on nous offre, en laissant à chacun la
art de responsabilité qui lui revient. Dès hier
ous avons rappelé nos réserves et, avec votre
oncours, nous allons prendre immédiatement
es mesures nécessaires pour sauvegarder les
ntérêts, la sécurité et l'honneur de la France.»
Des cris de *Vive l'Empereur* et des applau-
issements plusieurs fois répétés ont accueilli
ette déclaration.

Paris, 16 juillet 1870, 2 h. 50 du matin.

La Chambre, dans une séance de nuit, a voté à l'unanimité moins dix voix la loi accordant un crédit de 50 millions au ministère de la guerre, et à l'unanimité moins une voix les projets de lois portant un crédit de 16 millions pour le ministère de la marine, l'appel de la garde mobile à l'activité, la réduction au temps de la guerre de l'engagement volontaire, autorisée par la loi de 1832.

Pour copie conforme .

Le Secrétaire général,

CHÉRISEY.

IMP. JORARD.

No 2.

AVIS

Reprise des animaux en dépôt chez les Cultivateurs

Les cultivateurs qui auront rendu les chevaux dont ils sont détenteurs dans les huit jours qui suivront la notification qui leur aura été faite, recevront une prime de *dix* francs par cheval.

16 juillet 1870.

N° 3.

EMPIRE FRANÇAIS

PROCLAMATION DE L'EMPEREUR

23 juillet 1870.

FRANÇAIS !

Il y a dans la vie des peuples des moments solennels où l'honneur national, violemment excité, s'impose comme une force irrésistible, domine tous les intérêts, et prend seul en main la direction des destinées de la patrie. Une de ces heures décisives vient de sonner pour la France.

La Prusse, à qui nous avons témoigné pendant et depuis la guerre de 1866 les dispositions les plus conciliantes, n'a tenu aucun compte de notre bon vouloir et de notre longanimité. Lancée dans une voie d'envahissement, elle a éveillé toutes les défiances, nécessité partout des armements exagérés et fait de l'Europe un camp où règnent l'incertitude et la crainte du lendemain. Un dernier incident est venu révéler l'instabilité des rapports internationaux et montrer toute la gravité de la situation.

En présence des nouvelles prétentions de la Prusse, nos réclamations se sont fait entendre. Elles ont été éludées et suivies de procédés dédaigneux. Notre pays en a ressenti une profonde excitation, et aussitôt un cri de guerre a retenti d'un bout de la France à l'autre. Il ne nous reste plus qu'à confier nos destinées au sort des armées.

Nous ne faisons pas la guerre à l'Allemagne, dont nous respectons l'indépendance ; nous faisons des vœux pour que les peuples qui composent la grande nationalité germanique disposent librement de leurs destinées.

Quant à nous, nous réclamons l'établissement d'un état de choses qui garantisse notre sécurité et assure l'avenir. Nous voulons conquérir une paix durable, basée sur les vrais intérêts des peuples, et faire cesser cet état précaire où toutes les nations emploient leurs ressources à s'armer les unes contre les autres.

Le glorieux drapeau que nous déployons

encore une fois devant ceux qui nous provoquent est le même qui porta à travers l'Europe les idées civilisatrices de notre grande Révolution. Il représente les mêmes principes ; il inspirera les mêmes dévouements.

FRANÇAIS !

Je vais me mettre à la tête de cette vaillante armée qu'anime l'amour du devoir et de la patrie ; elle sait ce qu'elle vaut, car elle a vu dans les quatre parties du monde la victoire s'attacher à ses pas.

J'emmène mon fils avec moi, malgré son jeune âge. Il sait quels sont les devoirs que son nom lui impose, et il est fier de prendre sa part dans les dangers de ceux qui combattent pour la patrie. Dieu bénisse nos efforts !

Un grand peuple qui défend une cause juste est invincible.

NAPOLÉON.

Pour copie conforme :

Le Préfet de la Côte-d'Or,

J. LEFEBVRE.

IMP. JOBARD.

N° 4.

AVIS

Relatif aux engagements volontaires dans la garde nationale mobile

A partir de ce jour, les engagements volontaires sont reçus pour la garde nationale mobile.

Ces engagements peuvent être limités à la durée de la campagne.

Les engagements volontaires seront contractés dans les formes prescrites devant les maires des chefs-lieux de canton.

23 juillet 1870.

N° 5.

PROCLAMATION DE L'EMPEREUR
A L'ARMÉE

SOLDATS !

Je viens me mettre à votre tête pour défendre l'honneur et le sol de la patrie.

Vous allez combattre une des meilleures

armées de l'Europe; mais d'autres, qui valaient autant qu'elle, n'ont pu résister à votre bravoure. Il en sera de même aujourd'hui.

La guerre qui commence sera longue et pénible, car elle aura pour théâtre des lieux hérissés d'obstacles et de forteresses; mais rien n'est au-dessus des efforts persévérants des soldats d'Afrique, de Crimée, de Chine, d'Italie et du Mexique. Vous prouverez une fois de plus ce que peut une armée française animée du sentiment du devoir, maintenue par la discipline, enflammée par l'amour de la patrie.

Quel que soit le chemin que nous prenions hors de nos frontières, nous y trouverons les traces glorieuses de nos pères, nous nous montrerons dignes d'eux.

La France entière vous suit de ses vœux ardents et l'univers a les yeux sur vous. De nos succès dépend le sort de la liberté et de la civilisation.

Soldats, que chacun fasse son devoir et le Dieu des armées sera avec nous.

NAPOLÉON.

Au quartier impérial à Metz, le 28 juillet 1870.

N° 6.

AVIS TRÈS IMPORTANT

ADMINISTRATION DES POSTES

—

Les lettres à destination des militaires, marins ou fonctionnaires faisant partie des corps d'armées en campagne sont autorisées à circuler en franchise ; mais il faut, pour jouir de cette faveur, que les lettres portent le numéro du corps d'armée auquel appartient le destinataire.

Il est bien entendu que les lettres simples ne pesant pas 10 grammes sont seules admises à jouir du bénéfice de la nouvelle loi.

Les mandats de poste envoyés également à ces mêmes personnes seront exemptés des frais de poste et de timbre jusqu'à la somme de 50 fr.

2 août 1870.

Nº 7.

DÉPÊCHE

Metz, le 2 août, 4 h. 50 minutes.

Aujourd'hui 2 août, à 11 heures du matin, les troupes françaises ont eu un sérieux engagement avec les troupes prussiennes; notre armée a pris l'offensive, franchi la frontière et envahi le territoire de la Prusse. Malgré la force de la position ennemie, quelques-uns de nos bataillons ont suffi pour enlever les hauteurs qui dominent Sarrebruck, et notre artillerie n'a pas tardé à chasser l'ennemi de la ville.

L'élan de nos troupes a été si grand que nos pertes ont été légères; l'engagement, commencé à 11 heures, était terminé à une heure. L'empereur assistait aux opérations et le prince impérial, qui l'accompagnait partout, a reçu sur le premier champ de bataille de la campagne le baptême du feu; sa présence d'esprit, son sang-froid dans le danger ont été dignes du nom qu'il porte.

N° 8.

ÉTAT DE SIÉGE

Dans les départements de la Haute-Marne, du Doubs et de la Côte-d'Or

HABITANTS DE LA CÔTE-D'OR !

L'état de siége a été proclamé dans le département de la Côte-d'Or.

Je me trouve donc momentanément investi des pouvoirs extraordinaires conférés par la loi des 9 et 11 août 1849.

En présence de l'ennemi qui envahit la France, tous les citoyens sont appelés à la défense du pays et c'est un général qui commande à des soldats.

Je connais le patriotisme de la Bourgogne et je sais que je puis compter sur le dévouement et le courage de ses enfants.

D'autre part sans discipline, sans union, sans calme, il serait impossible d'organiser les forces nécessaires pour défendre et venger la patrie. Confiez-vous à ma vieille expérience et à mon zèle. J'agirai avec énergie pour

2

avoir des corps armés et pour maintenir l'ordre. Nous prendrons tous l'attitude qui convient à un grand peuple, à des Français, qui n'ont d'autre passion que celle de la patrie.

Dès aujourd'hui, et pour répondre aux énergiques devoirs de la population, toute trahison, tous cris séditieux, toute tentative de troubles seraient déférés au conseil de guerre.

Dijon, le 9 août 1870.

Le Général commandant le département de la Côte-d'Or et l'état de siège,

A. SENCIER.

N° 9.

PROCLAMATION

FRANÇAIS !

Nous avons dit toute la vérité.

Maintenant à vous de remplir votre devoir; qu'un même cri sorte de toutes les poitrines d'un bout de la France à l'autre.

Que le peuple entier se lève frémissant, dévoué pour soutenir le grand combat !

Quelques-uns de nos régiments ont succombé sous le nombre ; notre armée n'a pas été vaincue !

Le même souffle intrépide l'anime toujours. Soutenons-la.

A l'audace momentanément heureuse opposons la ténacité qui dompte le destin !

Replions-nous sur nous-mêmes, et que nos envahisseurs se heurtent contre un rempart invincible de poitrines humaines.

Comme en 1792 et comme à Sébastopol, que nos revers ne soient que l'école de nos victoires.

Ce serait un crime de douter un seul instant du salut de la patrie et surtout de n'y pas contribuer.

Debout donc, debout !

Et vous, habitants du Centre, du Nord et du Midi, sur qui ne pèse par le fardeau de la guerre, accourez d'un élan unanime au secours de vos frères de l'Est.

Que la France, une dans les succès, se retrouve plus une encore dans les épreuves et que Dieu bénisse nos armes.

(SIGNÉE PAR TOUS LES MINISTRES)

10 août 1870.

N° 10.

DÉPARTEMENT DE LA CÔTE-D'OR

FAUSSES NOUVELLES

LE GÉNÉRAL,

En présence de l'émotion produite par les fausses nouvelles répandues ce matin,

Déclare que :

Les auteurs ou propagateurs de fausses nouvelles de nature à troubler la paix publique seront déférés au conseil de guerre.

Dijon, 10 août 1870.

Le Général commandant la subdivision militaire de la Côte-d'Or et l'état de siège,

A. SENCIER.

N° 11.

PRÉFECTURE DE LA COTE-D'OR

Habitants de la Côte-d'Or !

Il n'est pas nécessaire de faire appel à votre patriotisme.

Ce qu'il faut, c'est lui offrir le moyen de se rendre utile à la patrie.

En dehors de la garde nationale mobile et des citoyens de 25 à 35 ans appelés sous les drapeaux, il existe dans la garde nationale sédentaire des cœurs généreux, des hommes énergiques, qui veulent aussi défendre le pays et qui ne demandent qu'à se rendre à la frontière.

C'est à eux que je m'adresse aujourd'hui.

Qu'ils s'organisent.

Pour les mettre à même de s'associer ainsi à la défense de la patrie, il va être immédiatement formé dans le département de la Côte-d'Or des compagnies de gardes nationaux volontaires et de francs-tireurs.

Les gardes nationaux volontaires et les francs-tireurs recevront la solde des troupes.

Ils seront exercés au maniement des armes, puis armés et dirigés sur les points de la frontière désignés par l'autorité militaire.

Les compagnies seront organisées quand elles compteront cent volontaires. Les capitaines, lieutenants et sous-lieutenants ne pourront être pris que parmi les anciens militaires. Désignés par les volontaires, ils seront commissionnés par nous.

Des bureaux d'inscriptions sont ouverts dès ce moment à la préfecture et dans les sous-préfectures.

Le Préfet de la Côte d'Or,
J. LEFEBVRE.

IMP. JOBARD.
N° 12.

PRÉFECTURE DE LA CÔTE-D'OR

APPEL

de la

GARDE NATIONALE MOBILE

La garde nationale mobile du département

de la Côte-d'Or est appelée immédiatement à l'activité.

Il est enjoint à tous les gardes nationaux mobiles, y compris ceux de la classe de 1869, de se trouver le dimanche 14 août, à midi, devant l'Hôtel de Ville du chef-lieu de leur arrondissement. Chaque homme devra se pourvoir de deux chemises et d'une paire de souliers.

Messieurs les officiers nommés et proposés devront se rendre le même jour à ce point de réunion.

A Beaune se réuniront les hommes appartenant aux cantons de Beaune, Bligny, Nolay, Nuits, Saint-Jean-de-Losne et Seurre.

A Châtillon se réuniront les hommes appartenant aux cantons d'Aignay-le-Duc, Baigneux-les-Juifs, Châtillon, Laignes, Montigny, Recey-sur-Ource, Fontaine-Française, Selongey, Grancey-le-Château, Is-sur-Tille et Saint-Seine-l'Abbaye.

A Dijon se réuniront les hommes appartenant aux cantons de Dijon, Genlis, Gevrey,

Mirebeau, Pontailler-sur-Saône et Sombernon, ainsi que les hommes du canton d'Auxonne qui ne font pas partie de la batterie d'artillerie.

A Semur se réuniront les hommes appartenant aux cantons d'Arnay-le-Duc, Liernais, Pouilly, Flavigny, Montbard, Précy-sous-Thil, Saulieu, Semur et Vitteaux.

A Auxonne, les hommes affectés à l'artillerie.

Dijon, le 12 août 1870.

Le Préfet de la Côte-d'Or,

J. LEFEBVRE.

IMP. JOBARD,

Nº 13.

EMPIRE FRANÇAIS

PRÉFECTURE DE LA COTE-D'OR

AVIS

Conformément à l'article 2 de la loi du 10 août 1870, tous les anciens militaires non mariés ou veufs sans enfants ayant 25 ans accomplis et moins de 35 ans sont appelés sous les drapeaux.

Ces hommes devront être rendus, munis de leurs pièces de libération, à Dijon, salle Philharmonique, le mercredi 17 août, à onze heures du matin.

Ces anciens militaires seront dirigés, lorsqu'ils le demanderont, sur les corps dans lesquels ils auront précédemment servi.

Les sous-officiers, caporaux ou brigadiers seront réintégrés dans leurs anciens grades au fur et à mesure des besoins du service.

Dijon, le 15 août 1870.

Le Préfet de la Côte-d'Or,

J. LEFEBVRE.

IMP. JOBARD.

N° 14.

EMPIRE FRANÇAIS

PRÉFECTURE DE LA COTE-D'OR

Dijon, le 15 août 1870.

A MM. les Maires du département.

MESSIEURS

J'ai l'honneur de vous adresser ci-après une circulaire de M. le Ministre de la guerre concernant les mesures relatives aux engagements pour la durée de la guerre.

Je vous prie de donner à ce document toute la publicité possible et de vous conformer ponctuellement aux prescriptions qu'il contient.

Recevez, Messieurs, l'assurance de ma considération distinguée.

Le Préfet de la Côte-d'Or,

J. LEFEBVRE.

N° 15.

CIRCULAIRE

Afin que rien n'arrête l'élan des hommes qui demandent à entrer dans les rangs de l'armée, il m'a paru convenable de simplifier les formalités relatives à l'acceptation des engagements pour la durée de la guerre ou pour un an.

J'ai, en conséquence, décidé que ces engagements pourront être souscrits désormais par tout homme célibataire ou marié, reconnu apte au service, qui produira un certificat de moralité délivré soit par le commissaire de police du lieu de la résidence, soit par le maire de la commune.

L'aptitude au service des engagés sera constatée par les maires des chefs-lieux de cantons qui recevront les engagements.

Le Ministre de la guerre par intérim,

Général Ch. DEJEAN.

IMP. JOUARD.

N° 16.

NOMINATIONS
DANS LA GARDE NATIONALE MOBILE

Batterie d'artillerie de la Côte-d'Or , à Auxonne.

Capitaine, M. Merlin; lieutenant en premier, M. Mazet; lieutenant en second, M. Clerc.

Premier Bataillon.

Commandant, M. Marey-Monge.

Première compagnie , Beaune. Capitaine, Titard; lieutenant, Imbault; sous-lieutenant, Darviot.

Deuxième compagnie. Capitaine , Potot; lieutenant, Vergnette de Lamotte; sous-lieutenant, Bachey-Deslandes.

Troisième compagnie. Capitaine, Martinot; lieutenant, Labouré; sous-lieutenant, Ville-dieu de Torcy.

Quatrième compagnie , Bligny-sur-Ouche. Capitaine , Courtot de Cissey; lieutenant , Meillian; sous-lieutenant, Cleurey-Rameau.

Cinquième compagnie, Nolay. Capitaine, Routy de Charodon ; lieutenant, de Poligny ; sous-lieutenant, Papin.

Sixième compagnie, Nuits. Capitaine, Pierre ; lieutenant, Thomas ; sous-lieutenant, Ragon.

Septième compagnie, Saint-Jean-de-Losne. Capitaine, Derry ; lieutenant, Senart ; sous-lieutenant, Batault.

Huitième compagnie, Seurre. Capitaine, Cavelier de Saint-Jacques ; lieutenant, Louis Routy de Charodon ; sous-lieutenant, Cornetet.

Deuxième Bataillon.

Commandant, M. de Grancey.

Première compagnie, Aignay-le-Duc et Baigneux. Capitaine, Logerot ; lieutenant, Prelin ; sous-lieutenant, Aigoin.

Deuxième compagnie, Châtillon. Capitaine, Diérolf ; lieutenant, Calfin ; sous-lieutenant, Davoust.

Troisième compagnie, Châtillon. Capitaine, Lambert ; lieutenant, Daguin ; sous-lieutenant, Goujon de Mareilles.

Quatrième compagnie, Laignes. Capitaine,

Bertillon ; lieutenant, Frèrebeau ; sous-lieutenant, Larribe.

Cinquième compagnie, Montigny et Recey.
Capitaine, Bordet ; lieutenant, Charles ; sous-
lieutenant, Lambert.

Sixième compagnie, Fontaine-Française et
Selongcy. Capitaine, Chambure ; lieutenant,
Gascon ; sous-lieutenant, Tardif.

Septième compagnie, Grancey-le-Château et
Is-sur-Tille. Capitaine, Bony ; lieutenant, de
Gremeaux ; sous-lieutenant, Quirot.

Huitième compagnie, Saint-Seine. Capitaine,
Pétrot ; lieutenant, Georges ; sous-lieutenant,
de la Maison.

Troisième Bataillon.

Commandant, M. d'Andelarre.

Première compagnie, Dijon. Capitaine, Cru-
cerey ; lieutenant, Lorenchet de Montjamont ;
sous-lieutenant, Emile Parizot.

Deuxième compagnie, Dijon. Capitaine, Mar-
tenot, lieutenant, de Flandre ; sous-lieutenant,
Arvet.

Troisième compagnie, Dijon. Capitaine ,

Buchin; lieutenant, Sorlin; sous-lieutenant, Chenot.

Quatrième compagnie, Auxonne et Genlis. Capitaine de Nogaret; lieutenant, Drevon; sous-lieutenant, Mairet.

Cinquième compagnie, Gevrey. Capitaine, Foulet; lieutenant, Euvrard; sous-lieutenant, Roussin.

Sixième compagnie, Mirebeau. Capitaine, Blondin; lieutenant, Stinger; sous-lieutenant, Echalié.

Septième compagnie, Pontailler. Capitaine, Bizouard; lieutenant, Pâris; sous-lieutenant, Locatelli.

Huitième compagnie, Sombernon. Capitaine, Voilliard; lieutenant, Déresse; sous-lieutenant, Neveu-Lemaire.

Quatrième Bataillon.

Commandant, M. Bruzard.

Première compagnie, Arnay-le-Duc. Capitaine, de Villers-la-Faye; lieutenant, Chevalier; sous-lieutenant Ponnelle.

Deuxième compagnie, Liernais. Capitaine,

de Monnard; lieutenant, Paccault; sous-lieutenant, Henry.

Troisième compagnie, Pouilly. Capitaine, Thierry; lieutenant, Chrétiennet; sous-lieutenant, Cunisset.

Quatrième compagnie, Pouilly. Capitaine, Andrieu d'Albas; lieutenant, Morelot; sous-lieutenant, de Saiserey.

Cinquième compagnie, Flavigny, Montbard. Capitaine, Blandin; lieutenant, Renaud; sous-lieutenant, Henry de Montgolfier.

Sixième compagnie, Précy et Saulieu. Capitaine, Paquet; lieutenant, de Chabannes; sous-lieutenant, Gagey.

Septième compagnie, Semur. Capitaine, Dupuy; lieutenant, Demanche; sous-lieutenant, Jacob.

Huitième compagnie, Vitteaux. Capitaine, Darcy; lieutenant, de Gigord; sous-lieutenant, Coron.

11 août 1870.

N° 11.

PRÉFECTURE DE LA CÔTE-D'OR

Dijon, le 18 août 1870.

AVIS

Aux termes de la loi du 10 août 1870, les anciens militaires non mariés de 25 à 35 ans sont rappelés immédiatement sous les drapeaux.

Chacun de MM. les Maires est invité :

1° A s'assurer personnellement que tous les anciens militaires appartenant à cette catégorie ont eu connaissance de l'appel fait à leur patriotisme ;

2° A prévenir nominativement ceux de ces anciens militaires qui habitent même momentanément la commune, et qui ne se sont pas encore présentés à Dijon au bureau de recrutement, d'avoir à s'y rendre avant le lundi 22 août, à midi, jour et heure fixés comme dernier délai.

Le Préfet de la Côte-d'Or ,

J. LEFEBVRE.

3

Nota. — Ne sont pas considérés comme anciens militaires les hommes qui ont fait partie des deuxièmes portions du contingent non appelées définitivement à l'activité.

N° 18.

DÉPÊCHE TÉLÉGRAPHIQUE

Paris, 17 août 1870, 9 h. 40 m. soir.

Le Ministre de la guerre à MM. les Généraux.

Les hommes qui tombent sous le coup de la loi du 10 août, même ceux qui, n'ayant pas servi, ne sont pas encore appelés, peuvent être admis à se faire remplacer. Facilitez l'admission des remplaçants, surtout lorsque ce sont d'anciens militaires.

Les actes de remplacement devront être reçus par les soins de MM. les Sous-Intendants militaires. Un employé du bureau de ce fonctionnaire assistera à la séance.

Le Général commandant l'état de siége,

SENCIER.

N° 19.

PRÉFECTURE DE LA COTE-D'OR

Nous, Préfet de la Côte-d'Or, officier de la Légion-d'honneur et de l'Instruction publique,

Vu le décret du 25 juillet dernier instituant à Paris une Commission centrale chargée de la distribution des souscriptions versées dans les caisses publiques pour venir en aide aux blessés et de la répartition des crédits votés par le Corps législatif en faveur des familles privées de leurs soutiens,

Vu les instructions ministérielles relatives à l'exécution du décret précité,

ARRÊTONS :

ARTICLE PREMIER. — Il est formé, pour le département de la Côte-d'Or, un Comité qui aura mission de recueillir des souscriptions et d'en assurer la distribution conformément au vœu des donataires.

Il aura également à répartir les fonds qui

seraient mis à sa disposition par le gouvernement.

Le Comité sera composé de vingt-deux membres appartenant aux quatre arrondissements
de la Côte-d'Or, savoir :

MM. Achard, professeur au Conservatoire,
     secrétaire du Comité de Dijon.
   Barbier, percepteur, président du Comité
     de Dijon.
   Bernard, négociant à Meursault.
   Bocher, docteur-médecin à Semur.
   Bourée, à Châtillon.
   Bouttequoy, docteur-médecin à Châtillon.
   Bruzard, à Semur.
   De Guittaut, maire de Souhey.
   Dufour, conseiller de préfecture.
   Guerrier, juge de paix, à Beaune.
   Guérin, propriétaire à Semur.
   Jeanniot, avoué à Dijon.
   Lapeyrouse, à Châtillon.
   Lévêque, à Dijon.
   Maire, médecin à Dijon.
   Maitre, Achille, maire de Châtillon.

Masson, avoué à Beaune.

Montgolfier (de), conseiller général.

Perdrix, conseiller général.

Piet, conseiller d'arrondissement.

Saint-Loup (de), procureur impérial à Châtillon.

Tisserand, conseiller d'arrondissement à Beaune.

Vallot, colonel en retraite, à Dijon.

Villers-la-Faye (de), conseiller général.

ART. 2. — Le Comité nommera son président, ses vice-présidents et secrétaires :

Le Comité pourra correspondre, par l'intermédiaire de son président, avec la Commission centrale de Paris.

Fait à Dijon, le 20 août 1870.

Le Préfet de la Côte-d'Or,
J. LEFEBVRE.

Nº 20.

GARDE NATIONALE MOBILE

APPEL

DES JEUNES GENS EXONÉRÉS APPARTENANT AUX CLASSES DE 1865 ET 1866

Conformément à l'article premier de la loi du 18 août 1870, tous les hommes célibataires et veufs sans enfants, exonérés, appartenant aux classes de 1865 et 1866, doivent être incorporés dans la garde nationale mobile.

Ces hommes devront être rendus à l'Hôtel de Ville de Dijon, le mardi 30 août courant, à midi ; chaque homme devra se pourvoir de deux chemises et d'une paire de souliers.

MM. les Maires sont invités à faire afficher immédiatement le présent avis, qui devra en outre être publié dans les formes ordinaires.

29 août 1870.

N° 21.

VILLE DE BEAUNE

—

GARDE NATIONALE

Toutes personnes ayant à faire valoir des motifs d'exemption pour cause d'infirmités tendant à les faire exempter du service de la garde nationale sont invités à se rendre à l'Hôtel-de-Ville, salle du Conseil, le jeudi 1er septembre, de 1 heure à 4 heures de l'après-midi, et le vendredi 2 septembre, de 8 heures à 11 heures du matin, pour y subir la visite des médecins.

Les personnes qui ne se présenteraient pas appartiendront de droit à la garde nationale, sauf leur recours devant le jury de révision.

Beaune, le 31 août 1870.

Le Maire, Président du Conseil de recensement,

A. DUPONT ainé.

VILLE DE BEAUNE

—

GARDE NATIONALE

Élections des Officiers, Sous-Officiers et Caporaux

—

Le Maire de la ville de Beaune a l'honneur de prévenir ses concitoyens,

Que l'élection des Officiers, Sous-Officiers et Caporaux de la garde nationale aura lieu *Dimanche prochain, 4 Septembre,* dans les locaux et aux heures ci-après indiquées :

A L'HOTEL-DE-VILLE

Salle des Concerts

Première compagnie, de 8 heures à midi ; sixième compagnie, de 2 heures à 6 du soir.

Salle du Conseil

Deuxième compagnie, de 8 heures à midi ; septième compagnie, de 2 heures à 6 du soir.

Salle du Tribunal de Commerce

Troisième compagnie, de 8 heures à midi ; huitième compagnie, de 2 heures à 6 du soir.

Salle de l'Ecole mutuelle

Quatrième compagnie, de 8 heures à midi ; neuvième compagnie, de 2 heures à 6 du soir.

AU JARDIN-ANGLAIS

Salle du Pavillon du Jardin-Anglais

Cinquième compagnie, de 8 heures à midi ; neuvième compagnie, de 2 heures à 6 du soir.

Chaque compagnie aura à élire, par scrutin individuel :

Un capitaine, un lieutenant, un sous-lieutenant, un sergent-major, un fourrier ;

Et par scrutin de liste :

Quatre sergents, huit caporaux, trois délégués pour concourir, avec les officiers, à la nomination du chef de bataillon et du porte-drapeau.

Ces élections auront lieu conformément à l'article 35 et suivants de la loi du 13 juin

1851, et aux instructions de M. le Préfet en date du 26 août 1870, dont extrait suit :

« Les élections sont faites sous la présidence du Maire, de l'Adjoint ou d'un Conseiller municipal de recensement. Elles auront lieu, vu l'urgence, au premier tour de scrutin et à la majorité relative des suffrages.

« La loi du 12 août 1870, impose l'obligation de choisir les chefs parmi les anciens militaires, et vous remarquerez qu'ils peuvent être pris dans la circonscription du bataillon. A défaut de candidats remplissant ces conditions, je ne doute pas que le choix des gardes nationaux ne se porte sur les hommes qui auraient le plus d'aptitude au service militaire.

« Aussitôt que les officiers auront été élus, ils devront se réunir, avec un nombre égal de délégués choisis par chaque compagnie, pour nommer leur chef de bataillon et leur porte-drapeau. »

Les élections pour le chef de bataillon et le porte-drapeau auront lieu ultérieurement.

Beaune, le 2 septembre 1870.

Le Maire,

A. DUPONT aîné.

N° 23.

EMPIRE FRANÇAIS

DÉPÊCHE TÉLÉGRAPHIQUE

Le Ministre de l'intérieur à MM. les Préfets

Paris, 4 septembre 1870, 4 h. 30 matin.

FRANÇAIS!

Un grand malheur frappe la patrie. Après trois jours de luttes héroïques soutenues par l'armée du maréchal Mac-Mahon contre 300,000 ennemis, 40,000 hommes ont été faits prison-sonniers, Le général Wimpffen, qui avait pris le commandement de l'armée en remplace-ment du maréchal Mac-Mahon grièvement blessé, a signé une capitulation. Ce cruel revers n'ébranlera pas notre courage. Paris est aujourd'hui en état de défense, les forces militaires s'organisent, avant peu de jours une armée nouvelle sera sous les murs de Paris ; une autre armée se forme sur les rives de la Loire. Votre patriotisme, votre union, votre énergie, sauveront la France ! L'Empereur a été fait prisonnier dans la lutte. Le Gouvernement, d'accord avec les pouvoirs publics, prend toutes les mesures que comporte la gravité des évènements.

LE CONSEIL DES MINISTRES.

Pour copie conforme :
Le Préfet de la Côte-d'Or,
J. LEFEBVRE.

N° 24.

RÉPUBLIQUE FRANÇAISE

Paris, 4 septembre 1870, 6 heures.

A MM. les Préfets, Sous-Préfets, Gouverneur général de l'Algérie et Généraux, et à toutes les Stations télégraphiques de France.

RÉPUBLIQUE FRANÇAISE

MINISTÈRE DE L'INTÉRIEUR

La déchéance a été prononcée au Corps législatif.

La République a été proclamée à l'Hôtel de Ville.

Un Gouvernement de Défense nationale, composé de onze membres, tous députés de Paris, a été constitué et ratifié par l'acclamation populaire.

Les noms sont: Arago (Emmanuel), Crémieux, Favre (Jules), Ferry, Gambetta, Garnier-Pagès, Glais-Bizoin, Pelletan, Picard, Rochefort. Simon (Jules).

Le général Trochu est à la fois maintenu dans ses pouvoirs de gouverneur de Paris et nommé ministre de la guerre en remplacement du général Palikao.

Veuillez faire afficher immédiatement et au besoin proclamer par le crieur public la présente déclaration.

Pour le Gouvernement de la défense nationale :

Le Ministre de l'intérieur,
Léon GAMBETTA.

Pour copie conforme :

Le Maire de Beaune,
A. DUPONT, aîné.

N° 25.

RÉPUBLIQUE FRANÇAISE

DÉPÊCHE TÉLÉGRAPHIQUE

Le Ministre de l'Intérieur à MM. les Préfets

PROCLAMATION

ADRESSÉE A L'ARMÉE PAR LE GOUVERNEMENT

A L'ARMÉE !

Quant un général a compromis son commandement on le lui enlève. Quand un gouvernement a mis en péril par ses fautes, le salut de la patrie, on le destitue. C'est ce que la France vient de faire en abolissant la dynastie qui est responsable de nos malheurs. Elle a accompli d'abord, à la face du monde, un grand acte de justice; elle a exécuté l'arrêt que toutes vos consciences avaient rendu; elle a fait en même temps un acte de salut. Pour se sauver, la nation avait besoin de ne plus relever que d'elle-même et de ne compter désormais que sur deux choses : sa résolution, qui est invincible, votre héroïsme, qui n'a pas d'égal et qui, au milieu de revers immérités, fait l'étonnement du monde.

SOLDATS !

En acceptant le pouvoir dans la crise formidable que nous traversons, nous n'avons pas fait œuvre de parti. Nous ne sommes pas le Gouvernement d'un parti, nous sommes le Gouvernement de la Défense nationale. Nous n'avons qu'un but, qu'une volonté : le salut de la patrie par l'armée et par la nation, groupés autour du glorieux symbole qui fit reculer l'Europe il y a quatre-vingts ans. Aujourd'hui comme alors, le nom de République veut dire : Union intime de l'armée et du peuple pour la défense de la Patrie.

Général TROCHU, Emmanuel ARAGO, CRÉMIEUX, Jules FAVRE, J. FERRY, GAMBETTA, GARNIER-PAGÈS, GLAIS-BIZOIN, PELLETAN, E. PICARD, ROCHEFORT, J. SIMON.

Pour copie conforme :

L'administrateur provisoire,

L. D'AZINCOURT.

No 26.

RÉPUBLIQUE FRANÇAISE

MAIRIE DE BEAUNE

Paris, 4 septembre 1870, 7 h. 35 m. du soir.

Le Gouvernement provisoire à MM. les Préfets

Paris est debout, le nouveau Gouvernement est acclamé ; partout enthousiasme et pas le moindre désordre. Le Général Trochu est nommé ministre de la guerre, Gambetta ministre de l'intérieur, Crémieux ministre de la justice, Jules Simon ministre de l'instruction publique, De Kératry est nommé préfet de police, Etienne Arago, maire de Paris.

Pour copie conforme :

Le Maire,

A. DUPONT, aîné.

RÉPUBLIQUE FRANÇAISE

CITOYENS !

Le Gouvernement fait appel à mon patriotisme et me confie l'administration provisoire du département de la Côte-d'Or. Dans les circonstances graves que nous traversons, le devoir de tout bon citoyen est de se mettre tout entier au service de la patrie. J'accepte donc la tâche difficile qui m'est confiée. Je ne l'ai fait qu'après m'être assuré du concours effectif de mes collègues du Conseil municipal, vos mandataires, avec lesquels je continuerai à porter le fardeau de l'administration.

Je n'ai pas besoin de vous rappeler que le mot *République* est magique parce qu'il crée des hommes et des citoyens.

Ayons donc une confiance absolue dans la destinée de la patrie et conjurons tous les périls aux cris de :

Vive la France ! Vive la République !

L'Administrateur provisoire,
L. D'AZINCOURT.

6 septembre 1870.

4

N° 28.

RÉPUBLIQUE FRANÇAISE

DÉPÊCHE TÉLÉGRAPHIQUE

Paris, 7 septembre 1870, 10 h. 45 m. du matin.

CIRCULAIRE

Adressée aux Agents diplomatiques de France par le Président du Gouvernement de la Défense nationale, Ministre des affaires étrangères.

MONSIEUR,

Les événements qui viennent de s'accomplir à Paris s'expliquent si bien par la logique inexorable des faits qu'il est inutile d'insister longuement sur leur sens et leur portée.

En cédant à un élan irrésistible, trop longtemps contenu, la population de Paris a obéi à une nécessité supérieure, celle de son propre salut.

Elle n'a pas voulu périr avec le pouvoir criminel qui conduisait la France à sa perte.

Elle n'a pas prononcé la déchéance de Napoléon III et de sa dynastie, elle l'a enregistrée au nom du droit, de la justice et du salut public. Et cette sentence était si bien ratifiée à l'avance par la conscience de tous, que nul, parmi les défenseurs les plus bruyants du pouvoir qui tombait, ne s'est levé pour le soutenir. Il s'est effondré de lui-même sous le poids de ses fautes, aux acclamations d'un peuple immense, sans qu'une goutte de sang ait été versée, sans qu'une personne ait été privée de sa liberté. Et l'on a pu voir, chose inouïe dans l'histoire, les citoyens auxquels le cri du peuple conférait le mandat périlleux de combattre et de vaincre, ne pas songer un instant aux adversaires qui la veille les menaçaient d'exécution militaire ; c'est en leur refusant l'honneur d'une répression quelconque, qu'ils ont constaté leur aveuglement et leur impuissance.

L'ordre n'a pas été troublé un seul instant, notre confiance dans la sagesse et le patriotisme de la garde nationale et de la population tout entière nous permet d'affirmer qu'il ne le sera pas.

Délivré de la honte et du péril d'un gouvernement traître à tous ses devoirs, chacun comprend que le premier acte de cette souveraineté nationale, enfin reconstituée, est de se commander à soi-même et de chercher sa force dans le respect du droit.

D'ailleurs le temps presse, l'ennemi est à nos portes, nous n'avons qu'une pensée, le repousser hors de notre territoire ; mais cette obligation que nous acceptons résolûment, ce n'est pas nous qui l'avons imposée à la France; elle ne la subirait pas si notre voix eût été écoutée.

Nous avons défendu énergiquement, au prix même de notre popularité, la politique de la paix, nous y persévérons avec une conviction de plus en plus profonde.

Notre cœur se brise au spectacle de ces massacres humains dans lesquels disparaît la fleur de deux nations, qu'avec un peu de bon sens et beaucoup de liberté on aurait préservées de ces effroyables catastrophes. Nous n'avons pas d'expression qui puisse peindre notre admiration pour notre héroïque armée, sacrifiée par l'impéritie du commandement suprême, et cependant plus grande par ses défaites que par les plus brillantes victoires; car, malgré la connaissance des fautes qui la compromettaient, elle s'est immolée sublime devant une mort certaine, en rachetant l'honneur de la France des souillures de son gouvernement.

Honneur à elle! la nation lui ouvre ses bras: le pouvoir impérial a voulu les diviser, les malheurs et le devoir les confondent dans une solennelle étreinte; scellée par le patriotisme et la liberté, cette alliance nous fait invincibles.

Prêts à tout, nous envisageons avec calme la situation qui nous est faite.

Cette situation, je la précise en quelques mots, je la soumets au jugement de mon pays et de l'Europe.

Nous avons hautement condamné la guerre et, protestant de notre respect pour le droit des peuples, nous avons demandé qu'on laissât l'Allemagne maîtresse de ses destinées; nous voulions que la liberté fût à la fois notre bien commun et notre commun bouclier; nous étions convaincus que ces forces morales assureraient à jamais le maintien de la paix ; mais, comme sanction, nous réclamions une arme pour chaque citoyen, une organisation civique des chefs élus, alors nous demeurions inexpugnables sur notre sol.

Le gouvernement impérial, qui avait depuis longtemps séparé ses intérêts de ceux du pays, a repoussé cette politique ; nous la reprenons avec l'espoir qu'instruite par l'expérience, la France aura la sagesse de la pratiquer.

De son côté, le roi de Prusse a déclaré qu'il faisait la guerre, non à la France, mais à la dynastie impériale.

La dynastie est à terre, la France libre se lève.

Le roi de Prusse veut-il continuer une lutte impie qui lui sera au moins aussi fatale qu'à nous ? Veut-il donner au monde du XIXe siècle ce cruel spectacle de deux nations qui s'entre-détruisent et qui, oublieuses de l'humanité, de la raison, de la science, accumulent les ruines et les cadavres ?

Libre à lui qu'il assume cette responsabilité devant le monde et devant l'histoire; si c'est un défi, nous l'acceptons, nous ne céderons ni un pouce de notre territoire, ni une pierre de nos forteresses. Une paix honteuse serait une guerre d'extermination à courte échéance, nous ne traiterons que pour une paix durable.

Ici notre intérêt est celui de l'Europe et nous avons lieu d'espérer que, dégagée de toute préoccupation dynastique, la question se posera ainsi dans les chancelleries; mais fussions-nous seuls, nous ne faiblirons pas, nous avons une armée résolue, des forts bien pourvus, une enceinte bien établie, mais surtout les poitrines de trois cent mille combattants décidés à tenir jusqu'au dernier.

Quand ils vont pieusement déposer des couronnes au pied de la statue de Strasbourg, ils n'obéissent pas seulement à un sentiment d'admiration enthousiaste, ils prennent leur héroïque mot d'ordre, ils jurent d'être dignes de leurs frères d'Alsace et de mourir comme eux.

Après les forts, les remparts ; après les remparts, les barricades. Paris peut tenir trois mois et vaincre ; s'il succombait, la France debout à son appel le vengerait : elle continuerait la bataille, et l'agresseur y périrait.

Voilà, Monsieur, ce que l'Europe doit savoir ; nous n'avons pas accepté le pouvoir dans un autre but ; nous ne le conserverions pas une minute si nous ne trouvions pas la population et la France entière décidées à partager nos résolutions.

Je les résume d'un mot, devant Dieu qui nous entend, devant la postérité qui nous jugera : nous ne voulons que la paix ; mais si l'on continue contre nous une guerre funeste que nous condamnons, nous ferons notre devoir jusqu'au bout, et j'ai la ferme confiance que notre cause, qui est celle du droit et de la justice, finira par triompher.

C'est en ce sens que je vous invite à expliquer la situation à M. le Ministre de la Cour près de laquelle vous êtes accrédité et entre les mains duquel vous laisserez copie de ce document.

Agréez, Monsieur, l'expression de ma haute considération.

Le Ministre des affaires étrangères,

Signé : Jules FAVRE.

Pour copie conforme :

L'Administrateur provisoire,

L. D'AZINCOURT.

N° 29.

APPEL AUX PAYSANS

—

Paysans de France, debout ! De gré ou de force, debout ! Il ne sera pas dit que la population des villes aura supporté seule avec notre héroïque armée le poids de cette horrible invasion.

Cette patrie, qu'on foule aux pieds et qu'on éventre, est notre mère ; cette œuvre de sang est la vôtre. Debout donc, les jeunes, les vieux, tout le monde. Sautez sur vos fusils.

Vous avez devant vous, cette fois, les ennemis de la famille et de la propriété. Mettez l'oreille à terre et vous les entendrez venir par centaines de mille.

Vos maisons, vos propriétés, vos femmes, vos filles, vos bêtes, tout ce qui faisait votre joie et votre espérance est en péril.

Ce n'est ni avec les larmes de la peur ni avec la prière des désespérés qu'on sauve son pays, son village, sa chaumière, son argent, ses denrées; c'est avec de la poudre et du plomb.

Maires et conseillers municipaux, à votre poste de combat! On vous a donné la confiance, vous devez l'exemple des résolutions viriles.

Pas de discours, pas d'hésitation, pas de stériles proclamations; sonnez le tocsin, sonnez-le jour et nuit comme si vos maisons brûlaient. Que les cloches de vos vieilles églises parlent et se répondent.

Le tocsin, c'est le rappel lugubre des paysans, c'est le cri de guerre au temps où nous sommes, c'est le signal des grandes colères.

Petits-fils des géants de 92, levez-vous !

Pierre JOIGNEAUX.

17 août 1870.

N° 30.

Le Conseil municipal de Beaune aux Habitants !

La République vient d'être proclamée à Paris. C'était la seule mesure à prendre pour sauver la France des périls qui la menacent.

Associons-nous donc tous à cette grande mesure de salut public. L'énergie de notre attitude et l'union de tous nos efforts nous rendront dans le monde le rang qui nous appartient.

Le Conseil municipal se déclare en permanence et prend la direction de tous les services publics.

SOUS-PRÉFECTURE DE BEAUNE

L'ADMINISTRATEUR PROVISOIRE

DE L'ARRONDISSEMENT DE BEAUNE
AUX HABITANTS!

J'ai accepté les difficiles fonctions d'administrateur provisoire de l'arrondissement de Beaune.

Je les ai acceptées pour aider à la fondation sérieuse et définitive du gouvernement que vient d'acclamer Paris et que mon cœur et ma raison me font également acclamer.

En bons citoyens, tous animés de l'ardent désir de réparer les désastres et les ruines que 18 années d'un régime sans nom ont accumulés;

Tous jaloux de l'honneur et de la prospérité de notre mère commune, la France;

Commençons par nous dresser comme un

seul homme contre notre seul ennemi, la Prusse.

A la France toutes nos forces, toute notre énergie, tout notre sang;

Au Gouvernement qui a pour mission de la sauver, notre concours le plus dévoué, le plus ardent.

Plus de divisions, plus de regrets stériles ; que la Fraternité s'empare de nos âmes, et tous unis par les mêmes sentiments, par la même pensée, travaillons tous ensemble à l'œuvre commune — la délivrance — aux cris mille fois répétés de :

Vive la République!

Paul BOUCHARD.

N° 32.

VILLE DE BEAUNE

Le Conseil municipal,

Considérant que l'envahissement du territoire impose au patriotisme du Conseil l'obligation d'armer la population tout entière afin de la mettre à même de concourir à la défense nationale :

Vote une somme de 10,000 francs qui est mise à la disposition du maire pour acquisition de fusils.

Considérant toutefois que cette somme est insuffisante pour obtenir le résultat qu'on se propose ;

Le Conseil,

Faisant appel au dévouement de ses concitoyens,.

Décide

Qu'une liste de souscription destinée à l'acquisition d'armes est ouverte à la Mairie, où chaque citoyen pourra inscrire son offrande patriotique. .

Beaune, le 7 septembre 1870.

Pour le Conseil :

Le Maire, A. Dupont aîné.

N° 33.

VILLE DE BEAUNE

—

APPEL SOUS LES DRAPEAUX

LE MAIRE DE LA VILLE DE BEAUNE

Vu la loi du 10 août 1870, appelant sous les drapeaux pour la durée de la guerre les hommes de 25 à 35 ans ;

ARRÉTE :

Il est expressément enjoint à tous les jeunes gens domiciliés à Beaune, appartenant aux classes depuis 1855 jusques et y compris la classe de 1864 de venir se faire inscrire immédiatement au bureau militaire de la Mairie sur le tableau de recensement.

Ceux d'entre eux qui négligeraient de se présenter, se mettraient dans le cas d'être recherchés par l'autorité militaire.

Afin d'éviter leur inscription sur le tableau de recensement, les hommes mariés et veufs avec enfants devront faire connaître la date de leur mariage.

Beaune, le 10 septembre 1870.

Le Maire,   A. DUPONT aîné.

N° 31.

RÉPUBLIQUE FRANÇAISE

Dijon, le 9 septembre 1870.

Le Ministre de l'Intérieur à MM. les Préfets.

EXTRAIT DE LA CONVENTION DE GENÈVE

« ART. 5. — Les habitants du pays qui porteront secours aux blessés seront respectés et demeureront libres. Les généraux des puissances belligérantes auront pour mission de prévenir les habitants de l'appel fait à leur humanité, et de la neutralité qui en sera la conséquence. Tout blessé recueilli et soigné dans une maison y servira de sauvegarde. L'habitant qui aura recueilli chez lui des blessés sera dispensé du logement des troupes, ainsi que d'une partie des contributions de guerre qui seraient imposées.

« ART. 6. — Les militaires blessés ou malades seront recueillis et soignés, à quelque nation qu'ils appartiennent.

« ART. 7. — Un drapeau distinctif et uniforme sera adopté pour les hôpitaux, les ambulances et les évacuations; il devra être en toute circonstance accompagné du drapeau national.

« Un brassard sera également admis par le personnel neutralisé; mais la délivrance en sera laissée à l'autorité militaire.

« Le drapeau et le brassard porteront croix rouge sur fond blanc. »

Pour copie conforme :

L'Administrateur provisoire du département de la Côte-d'Or,

L. D'AZINCOURT.

N° 35.

RÉPUBLIQUE FRANÇAISE

AUX HABITANTS DE LA COTE-D'OR

Citoyens,

Un Comité national de défense est organisé dans la Côte-d'Or pour la protection et la défense de nos foyers.

Il a reçu de M. le Ministre de la guerre tous pouvoirs pour disposer sous ma direction, et après concert préalable avec M. le Général commandant la subdivision de la Côte-d'Or, des fractions de la garde mobile, des francs-tireurs et de la garde nationale sédentaire, pour surveiller et harceler l'ennemi et couper ses communications.

Le Comité de défense a délégué ses pouvoirs à M. le docteur Lavalle, auquel est confié désormais tout ce qui regarde cette difficile et sainte mission.

Aux armes !

La France tout entière se lève. Dans quelques jours la Côte-d'Or aura ses armes, ses munitions et une organisation militaire de ses forces nationales, et rien ne s'opposera plus à ce que le courage et le dévouement de ses habitants ne vienne en aide aux héroïques efforts de nos soldats.

Aux armes donc et sauvons la patrie en danger aux cris de :

Vive la France ! Vive la République !

Dijon, le 9 septembre 1870.

L'Administrateur provisoire,

D'AZINCOURT.

N° 36.

RÉPUBLIQUE FRANÇAISE

ÉLECTION DE DÉPUTÉS

à une Assemblée nationale constituante

Le Gouvernement de la Défense nationale a rendu le décret suivant :

« Art. 1er. — Les colléges électoraux sont convoqués pour le dimanche 16 octobre, à l'effet d'élire une Assemblée nationale constituante.

« Art. 2. — Les élections auront lieu au scrutin de liste, conformément à la loi du 15 mars 1849.

« Art. 3. — Le nombre des membres de l'Assemblée constituante sera de 750.

« Art. 4. — Le Ministre de l'intérieur est chargé de l'exécution du présent décret.

« Fait à l'Hôtel de Ville de Paris, le 8 septembre 1870. »

Pour copie conforme :

L'Administrateur provisoire du département de la Côte-d'Or,

L. D'AZINCOURT.

RÉPUBLIQUE FRANÇAISE

COMITÉ NATIONALE DE LA DÉFENSE
DE LA COTE-D'OR

A MM. les Maires, Commandants et Officiers de la Garde nationale, Gardes nationaux et Citoyens de la Côte-d'Or.

CITOYENS !

Aux jours où la patrie est en danger, combattre et vaincre l'envahisseur est pour tout homme une vigoureuse mission de devoir et d'honneur.

Nous ne pouvons donc qu'accepter avec empressement la tâche périlleuse de vous appeler aux armes, et, sans autre souci que le salut du pays, d'organiser la défense nationale de notre cher et patriotique département.

Que nul n'hésite à nous suivre. Au nom de la patrie en danger, au nom de nos fils, de nos frères, de nos amis, partis le sourire aux lèvres et le cœur en feu, le Comité national fait appel à tous les dévouements.

Arrêter dans sa marche un soldat prussien, c'est enlever à l'ennemi mille de ses balles qui peuvent frapper au cœur une existence chérie.

Arrêter un convoi, inquiéter les corps détachés, les forcer à ralentir leur marche et à multiplier sur toute la ligne les escortes et les postes d'observation, c'est priver l'ennemi de toute une armée, c'est donner la victoire à nos frères de Paris.

Que l'ardeur du jeune homme s'allie à la prudence de l'homme fait, et que tous, entrant dans la carrière, nous formions un de ces faisceaux devant lesquels viendra se briser l'étranger.

Aux armes sans retard, les minutes d'aujourd'hui valent les années d'hier.

Le Comité national de défense vous appelle aux saintes batailles, à celles qui ne laissent dans l'âme ni une hésitation ni un regret ; car elles sont imposées à tout homme par le devoir sacré de protéger son foyer et de défendre ses frères.

Le Délégué,

LAVALLE.

Nota. — Toute communication relative à la défense nationale devra être adressée à Dijon, cour de Bar.

Messieurs les Maires devront transmettre à Messieurs les Officiers de la garde nationale cette circulaire et ces derniers devront en faire lecture à leurs corps dans le plus bref délai ; elle sera ensuite affichée.

Il sera immédiatement formé dans la garde nationale sédentaire de la Côte-d'Or des corps mobilisés dans les conditions suivantes : 1º volontaires s'engageant à faire le service pour lequel ils seront requis dans toute l'étendue du département ; 2º volontaires s'engageant à faire un service actif, de quelque nature qu'il soit, pour la défense de leur canton.

Chaque homme devra être pourvu d'une vareuse, d'un pantalon et d'un képi analogues à ceux de la garde mobile ou de la garde nationale sédentaire, et devra de plus être muni d'une chemise de rechange, d'une ceinture de flanelle et d'une couverture de campement.

Les volontaires du département devront
sans délai être dirigés sur Dijon et mis à la
disposition du chef d'état-major du Comité
national de défense, pour y recevoir leur armement qui se composera d'un fusil chassepot, si
c'est possible, ou d'un fusil à tabatière, et
entrer immédiatement en activité.

Les communes sont invitées à pourvoir à
l'équipement de ceux des volontaires de leur
localité qui se trouveraient dans l'impossibi-
lité de faire la dépense.

Messieurs les Commandants des gardes
nationales sont invités à se rendre à Dijon,
dans le plus bref délai, pour s'entendre avec
les représentants du Comité national de
défense, pour l'organisation de ces corps et la
mise en activité des corps de volontaires cantonaux qui devront agir sous leur commandement.

3° Un corps mobile de gardes-nationaux à
cheval pour le service d'estafettes, de cour-
riers ou d'aides de camp.

Le costume et l'équipement seront les mêmes que ci-dessus.

L'armement se composera d'un sabre de cavalerie et d'un révolver auxquels sera ajouté, dans certaines circonstances, une carabine.

Les corps ainsi formés seront immédiatement appelés à l'activité et soumis à la discipline et aux règles de l'armée en campagne.

Pour l'exécution de ces mesures, il est immédiatement ouvert à la Mairie de Dijon, cour de Bar, et dans toutes les Mairies du département, des bureaux d'enrôlement volontaire.

Pour le Comité de défense nationale,
J. LAVALLE.

Vu par l'Administrateur provisoire,
L. D'AZINCOURT.

11 septembre 1870.

N° 33.

RÉPUBLIQUE FRANÇAISE

L'Administrateur provisoire du département de la Côte-d'Or

Sur la demande des délégués du Comité de la défense nationale du département,

ARRÊTE :

Art. 1er. — MM. les Maires de toutes les communes du département réuniront immédiatement les Conseils municipaux à l'effet de leur proposer de voter, à titre d'offrande patriotique, une somme qui sera mise à la disposition du Comité de défense nationale.

Art. 2. — Ils provoqueront une souscription patriotique dans le même but et inviteront les journaux qui existeraient dans leur localité à donner la plus grande publicité possible à cette souscription.

Art. 3. — Les maisons ou portions de maisons closes par suite du départ des familles qui abandonneraient leur domicile, seront désignées en premier lieu, en cas de réquisition, pour les services extraordinaires qui pourront y être installés.

Les chevaux, voitures et tous objets propres à opérer des transports militaires, qui se trouveraient dans les dépendances de ces maisons ou portions de maisons, seront mis à la disposition du Comité de défense nationale.

Fait à Dijon, le 11 septembre 1870.

L. D'AZINCOURT.

N° 39.

VILLE DE BEAUNE

—

Le Maire de la ville de Beaune, le Comité de défense entendu,

Attendu qu'il importe pour la défense du pays de multiplier les obstacles devant l'ennemi,

ARRÊTE :

Il est enjoint aux propriétaires de vignes de laisser les échalas plantés dans leurs vignes jusqu'à nouvel avis.

Les propriétaires qui enfreindraient cet ordre seraient passibles de poursuites, comme ayant entravé la défense nationale.

Beaune, le 15 septembre 1870.

Le Maire,

A. DUPONT aîné.

N° 40.

RÉPUBLIQUE FRANÇAISE

COMITÉ DE DÉFENSE

CITOYENS !

En présence du danger qui menace.le pays, le Comité national de défense de la Côte-d'Or organise à Dijon la formation de compagnies de gardes nationaux volontaires, destinées à protéger les points les plus menacés du département.

Le Comité de Beaune, s'associant à l'œuvre du Comité de Dijon, ouvre au secrétariat de la Mairie une liste où les citoyens peuvent dès aujourd'hui s'inscrire.

Les volontaires seront armés, équipés et entretenus aux frais de la ville.

Beaune, le 13 septembre 1870.

Pour le Comité :

Le Président : FEBVRE.
Le Secrétaire : S. BOUCHARD.

APPROUVÉ :

Le Maire, A. DUPONT aîné.

N° 11.

RÉPUBLIQUE FRANÇAISE

SOUS-PRÉFECTURE DE BEAUNE

L'administrateur provisoire de l'arrondissement de Beaune aux Habitants.

Les Prussiens peuvent venir, tenons-nous sur nos gardes.

Tous les moyens sont bons pour entraver leur marche.

Si nous en venons à couper nos routes, ils se jetteront dans nos vignes pour les traverser.

Que nos échalas restent donc debout, et enfonçons-les plutôt que de les arracher.

Les Maires sont chargés de veiller à l'exécution de cette mesure et d'y tenir strictement la main.

Puisque nous parlons des Prussiens, profitons-en pour adresser ces deux mots à un autre genre d'ennemis non moins dangereux pour nous que les Prussiens.

Le gouvernement républicain a fait acte de

grand dévouement et de grand courage en se
chargeant de la direction des affaires publiques dans l'état déporable où les a laissées le
gouvernement déchu.

Il serait donc bien blâmable celui qui ne
lui prêterait pas son concours.

Quant à celui qui, soit par de sourdes menées, soit par des paroles, soit de toute autre
façon, travaillerait à lui nuire et à l'entraver,
celui-là devrait être mis au banc de l'opinion
et considéré comme un mauvais citoyen, coupable devant la justice et traître au pays.

Beaune, le 14 septembre 1870.

L'Administrateur provisoire.
Paul BOUCHARD.

N° 42.

RÉPUBLIQUE FRANÇAISE

COMITÉ DE DÉFENSE
DE L'ARRONDISSEMENT DE BEAUNE

Citoyens !

Pas d'alarmes vaines, pas de craintes prématurées, pas de fausses terreurs. Il faut que chacun de nous soit bien pénétré de cette idée : c'est que la solidarité seule fait notre force. Si chacun reste isolé chez lui, c'est nous condamner à l'extermination en détail, ou, tout au moins à la ruine. Ce n'est pas l'éloignement, croyez-le, qui peut faire à tel ou tel de nos villages sa sécurité ; vous ne les protégerez efficacement que si vous vous portez au secours des pays les premiers menacés.

De là, la nécessité d'une organisation centrale, aujourd'hui réalisée à Dijon. Des affiches vous ont déjà fait connaitre les dispositions générales du Comité directeur.

Ces mesures préliminaires ne doivent effrayer personne : elles ne signifient pas que l'ennemi soit déjà chez nous ; mais notre riche pays peut exciter ses convoitises. Il nous faut agir comme s'il était sur le point d'y paraitre ; il faut que nous soyons prêts ; il ne faut pas nous laisser surprendre comme les malheureuses populations des départements envahis. Des armes, s'il nous en vient, tant mieux ; mais ne comptons que sur nos fusils,

il faut qu'à force d'adresse, de patience, de
courage et de sang-froid, ils ne soient pas inférieurs dans la lutte au fameux fusil prussien trop vanté. Si nous avons à combattre,
nous combattrons sur un terrain connu ; le
lieu de la lutte, nous l'aurons choisi à l'a-
vance ; la distance même la plus avantageuse
pour nous, nous la pouvons déterminer. Avec
des coupures intelligemment faites sur nos
routes, avec des abattis d'arbres dans nos
forêts, avec des retranchements bien calculés.
avec l'habitude des lieux que nous avons tous,
nous égalisons les chances ; c'est à nous, par
la supériorité du courage, à les mettre toutes
de notre côté. Fiez-vous pour cela à la prudence et à l'énergie de vos chefs.

Défiez-vous des timides, repoussez les fu-
nestes conseils de la peur. On cherche, comme malheureusement on l'a trop souvent fait
déjà, à vous détourner de la résistance en
vous disant qu'il faut bien vous garder d'irriter
le Prussien. Arrière ces lâches, pour la plupart doublés d'un traître ! Ce sont vos pires
ennemis.

Croyez-vous que si, par impossible, nous sommes accablés par le nombre, l'ennemi ne respectera pas plutôt l'adversaire qui aura vaillamment lutté contre lui ? Allez demander aux villes qui se sont rendues à une poignée de uhlans, ce que leur a valu leur inconcevable résignation : le pillage, l'incendie, la ruine et la honte.

Maintenons notre énergie à la hauteur de nos périls. Trêve, pour le moment au moins, à nos dissensions politiques ; qu'une seule pensée nous anime tous, le danger et la patrie ; unissons-nous et le Prussien ne mettra pas le pied sur le vieux sol bourguignon.

Le salut de la France est dans le salut de Paris. Or, en défendant vos biens, vous les sauvez d'abord, et, de plus, vous concourez à la défense de la capitale, car vous supprimez à l'ennemi une ressource sur laquelle il comptait. Songez à cette solidarité de sentiments et d'intérêts qui se résume dans le grand mot de Patrie ; songez qu'il n'en est guère parmi nous qui ne compte dans les glorieuses victimes de nos derniers combats un frère, un parent, un ami ; songez à nos frères de l'Alsace et de la Lorraine, et prenez l'inébranlable résolution de les venger.

Adoptez donc, et adoptez sans délai les mesures générales des Comités de Dijon et de Beaune. Organisez-vous, formez des comités cantonaux qui soient en relations incessantes avec nous. Que toutes les communes épuisent leurs ressources, qu'elles fassent aussi des souscriptions volontaires pour acheter des fusils, pour équiper et entretenir les plus jeunes destinés à concourir au plan général sous la direction du Comité de Dijon. Que ceux qui restent se retranchent chez eux ; qu'ils fondent des balles ; qu'ils demandent aux forgerons de leurs villages des baïonnettes ; quelque imparfaite qu'en soit la forme, c'est la main qui tient une arme qui en fait la première qualité ; qu'ils se tiennent prêts au premier signal à couper les routes ; qu'ils multiplient partout les obstacles ; qu'ils se tiennent surtout en communication journalière avec nous. Des munitions, nous espérons leur en délivrer bientôt. Dès à présent, soyez as-

surés tous que vous pouvez compter d'une
façon absolue sur notre abnégation et notre
énergie.

Le Président du Comité de défense de Beaune,
F. FEBVRE.

Le Secrétaire,
Servais BOUCHARD.

L'Administrateur provisoire,
Paul BOUCHARD.

Pour toute communication, s'adresser à la
Mairie de Beaune.

————————

N° 43.

RÉPUBLIQUE FRANÇAISE

PRÉFECTURE DE LA COTE-D'OR

CITOYENS !

Le Gouvernement de la Défense nationale
fait un double appel au suffrage universel. La
nation, convoquée dans ses comices électoraux,
devra constituer d'abord les municipalités, puis

élire les députés qui composeront l'Assemblée nationale constituante; la haute portée de ces votes s'est accrue, s'il est possible, de la gravité des événements de la guerre. Tous les citoyens voudront concourir au choix de leurs mandataires.

CITOYENS !

Trop longtemps le suffrage universel a été faussé dans son application. Des manœuvres scandaleuses, des pressions violentes, des menaces et des promesses de toute nature ont vicié les élections et produit des assemblées qui ont compromis la grandeur de la France et sacrifié ses intérêts.

Le Gouvernement de la Défense nationale entend que les fonctionnaires et les agents de l'administration n'usent vis-à-vis des électeurs, sous aucun rapport, de l'influence que peut leur donner leur situation. Il entend aussi que les citoyens s'abstiennent, les uns à l'égard des autres, de tous moyens d'intimidation, menaces et promesses, à l'effet d'influer sur leurs votes.

Les citoyens qui auraient été l'objet de menaces, ou se croiraient exposés à des ressentiments, peuvent se rassurer. L'administration saura leur donner une protection efficace ; quant à ceux qui se rendraient coupables de ces infractions à la loi, il importe qu'ils soient signalés, afin que la justice appelle sur eux les rigueurs de la loi.

L'administrateur provisoire,
L. D'AZINCOURT.

N° 41.

RÉPUBLIQUE FRANÇAISE

GARDE NATIONALE SÉDENTAIRE
Compagnies détachées.

L'Administrateur provisoire du département de la Côte-d'Or,

Vu la décision du Gouvernement provisoire en date du 15 de ce mois, relative à l'extension à donner aux cadres de la garde nationale sédentaire et à la mobilisation des compagnies détachées,

Art. 1er. — Feront partie de la garde nationale sédentaire tous les citoyens âgés de 21 à 60 ans qui ne se trouveront pas dans les cas d'incompatibilité et d'exclusion prévus par les articles 8 et 9 de la loi du 13 juin 1851 et qui n'auraient pas fait constater les infirmités qui les mettraient hors d'état de faire aucun service.

Art. 2. — Ne seront pas exemptés de ce service, jusqu'à ce qu'il en ait été autrement ordonné, les citoyens qui étaient placés dans les réserves et ceux auxquels il était loisible de s'en dispenser à raison de leurs fonctions, aux termes des articles 14 et 15 de la même loi.

Art. 3. — Il sera formé des compagnies détachées appelées à faire un service hors du territoire de la commune, ou même un service de corps mobilisés pour seconder l'armée de ligne dans les limites fixées par la loi; elles seront tenues à la disposition du Ministre de la guerre, qui, dès qu'il jugera à propos de les utiliser, aura sur elles toute l'autorité que confèrent les lois et règlements militaires.

Art. 4. — L'effectif de ces compagnies sera constitué par les Maires, de concert avec les Officiers élus; il sera divisé en six catégories qui comprendront :

1º Les gardes nationaux volontaires reconnus aptes au service actif ;

2º Les jeunes gens de 18 à 20 ans qui se présenteront volontairement, s'ils sont reconnus aptes au même service ;

3º Les gardes nationaux célibataires jusqu'à 35 ans ;

4º Les veufs sans enfants jusqu'à 30 ans ;

5º Les mariés sans enfants jusqu'à 30 ans ;

6º Les mariés avec enfants jusqu'à 30 ans.

Ces quatre dernières catégories seront divisées en sections par années.

Fait à Dijon, le 19 septembre 1870.

L. D'AZINCOURT.

N° 45.

RÉPUBLIQUE FRANÇAISE

ARRÊTÉ

Nous, Administrateur provisoire du département de la Côte-d'Or, sur la proposition du Comité de défense nationale de la Côte-d'Or :

Considérant que l'empaissellement des vignes peut constituer un obstacle à la marche de l'ennemi ; que, d'ailleurs, il ne peut résulter aucun préjudice à l'enlèvement tardif des échalas,

ARRÊTONS :

Art. 1er. — Il est enjoint aux propriétaires de vignes de laisser les échalas dans leurs vignes jusqu'à ce qu'il soit autrement ordonné.

Art. 2. — Le présent arrêté sera publié et affiché dans toutes les communes du département.

L'Administrateur provisoire,

L. D'AZINCOURT.

N° 46.

RÉPUBLIQUE FRANÇAISE

PRÉFECTURE DE LA COTE-D'OR

L'Administrateur provisoire du département aux habitants de la Côte-d'Or.

CITOYENS !

Vous êtes appelés à choisir vos représentants pour les municipalités et pour l'Assemblée nationale constituante; il importe que vous vous rendiez bien compte de la crise terrible que nous traversons et des événements qui l'ont amenée.

Il y a dix-neuf ans, le président de la République, oublieux de ses devoirs et traître à son serment, fit un coup de ruse et de force; après avoir emprisonné les représentants de la nation, à Paris, il fit arrêter, juger par des commissions mixtes et déporter tous les citoyens qui osèrent se proclamer les défenseurs du droit.

La France, attérée par ce coup d'audace et privée du concours de ses citoyens les plus énergiques, eut la faiblesse d'abdiquer et de remettre les soins de ses destinées entre les mains d'un seul homme.

Les conséquences de cet acte de faiblesse ne tardèrent pas à se faire sentir. Investi d'un pouvoir absolu, le chef de l'Etat ne consentit jamais à en abandonner la moindre parcelle, et les concessions qu'il eut l'air de faire à l'opinion publique ne furent jamais qu'apparentes. Il eut soin de désigner par avance les citoyens chargés de contrôler son gouvernement et, non content de cette désignation, il employa toutes les manœuvres les plus honteuses et les plus coupables pour assurer le succès de ses candidatures officielles.

Vous en connaissez tous l'histoire, vous avez tous vu depuis dix-neuf ans, au moment des élections, toutes les administrations venir prendre le mot d'ordre à la préfecture. Après avoir reçu cet ordre, le chef de service le transmettait à ses subordonnés avec injonction de le propager et de le faire accepter à tout prix.

La position des agents inférieurs était en jeu; aussi les moyens les plus coupables étaient mis en œuvre; les calomnies, les menaces, les promesses, les dons, rien n'était négligé.

Les conséquences de cet état de choses, nous les subissons aujourd'hui. La France, trompée, a voulu fermer les yeux jusqu'au bout. Malgré les généreux efforts de citoyens patriotes et courageux, vous avez encore subi la pression administrative au 8 mai. Confiants dans les paroles d'un homme qui vous avait déjà si souvent trompés, vous avez cru assurer la paix en votant oui; les événements qui viennent de se succéder ont dû dessiller tous les yeux.

Nous avons eu le triste spectacle d'une Assemblée législative, issue des candidatures officielles, acclamant une déclaration de guerre sans vouloir vérifier les ressources du pays, et s'en rapportant aveuglément aux déclarations de ministres dupes ou coupables.

La France a été ainsi engagée dans une guerre déplorable dont elle ne soupçonnait guère au début les conséquences.

Le gouvernement, par toute la presse officieuse, a fait publier les déclarations les plus mensongères, cherchant à tromper jusqu'au bout l'opinion publique. Jamais l'histoire n'a offert d'exemple de désastres aussi rapides.

Six semaines ont suffi pour qu'un pays, plein de vie, animé des sentiments les plus patriotiques, fût traversé presque en entier par les hordes ennemies et que Paris fût assiégé ; nous avons vu, chose inouïe dans les faits d'une nation, un armée entière annihilée et forcée de déposer les armes par les mesures ineptes qu'avait dictées un despote.

Que ce passé nous serve d'exemple. Disons-nous tous que chaque citoyen a le devoir de se mêler activement aux affaires publiques, et que toute abdication est une trahison envers la patrie.

Nous expions nos fautes passées, ayons-les toujours sous nos yeux pour éviter d'en commettre de semblables à l'avenir.

Le Gouvernement a accepté patriotiquement la direction de la défense nationale qu'avaient désertée des mains lâches et impuissantes. Ayons tous le même patriotisme.

Tenez-vous surtout en garde contre les insinuations qui imputent au Gouvernement provisoire les embarras de la situation et les dangers de la patrie ; c'est la conséquence des fautes antérieures ; la République seule peut nous sauver, puisqu'elle assure la stabilité et qu'elle est la seule garantie contre les secousses périodiques qui renversent les empires et les monarchies.

Sachez tous que le système de candidatures officielles est flétri par le Gouvernement actuel ; ne soyez accessibles ni aux menaces ni aux promesses ; dites hautement à tous ceux qui voudraient déterminer vos votes par des manœuvres, que ce sont des imposteurs.

Quelque haut placés que soient les hommes qui voudraient vous influencer par ces moyens criminels et honteux, soyez assurés qu'ils seront punis.

Faites acte de citoyens libres et indépendants, et si quelqu'un, quel qu'il soit, voulait entraver cette indépendance, faites-le-moi connaître; je vous garantis, au nom du Gouvernement, que justice sera faite.

L. D'AZINCOURT.

N° 47.

ÉLECTIONS MUNICIPALES

Les électeurs du département de la Côte-d'Or sont convoqués pour le *Dimanche 25 du mois courant*, à l'effet de renouveler les conseils municipaux. L'élection aura lieu en un seul jour. Le scrutin sera ouvert à sept heures du matin et sera fermé à six heures du soir. Le dépouillement commencera immédiatement.

Les conseils municipaux, ainsi élus, nommeront eux-mêmes leurs maires et leurs adjoints.

AVIS. — Les citoyens se préoccupent de la question de savoir si l'on doit demander des autorisations pour des réunions électorales publiques. Le gouvernement veut des élections libres, ce qui ne peut avoir lieu qu'à la condition que les citoyens puissent se réunir et se concerter librement.

Les électeurs sont, en conséquence, autorisés à provoquer, sans déclaration préalable, toute réunion publique.

L'Administrateur provisoire,
D'AZINCOURT.

N° 18.

RÉPUBLIQUE FRANÇAISE

ARRÊTÉ

L'Administrateur provisoire du département de la Côte-d'Or

Porte à la connaissance de ses concitoyens l'arrêté pris par M. le Garde des sceaux, représentant du Gouvernement de la Défense nationale, en date du 16 septembre courant :

« Au nom du Gouvernement de la Défense nationale, le Garde des sceaux, Ministre de la justice, membre et représentant du Gouvernement de la Défense nationale,

« ARRÊTE :

« Art. 1er. — Tous les étrangers appartenant aux puissances avec lesquelles la France se trouve actuellement en guerre, et qui n'ont pas été autorisés à établir leur domicile en France, devront, dans les trois jours de la publication du présent arrêté par chaque préfet, sortir du territoire français.

« Art. 2. — Sont exceptés de ladite mesure, les seuls étrangers qui auront obtenu des préfets des départements une autorisation spéciale de séjour.

« Art. 3. — Les préfets des départements sont chargés, chacun en ce qui le concerne, de la publication immédiate et de l'exécution du présent décret.

« Fait à Tours, le 16 septembre 1870.

« Signé : Ad. CRÉMIEUX. »

Pour copie conforme :

L'Administrateur provisoire,
L. D'AZINCOURT.

N° 49.

RÉPUBLIQUE FRANÇAISE

SOUS-PRÉFECTURE DE BEAUNE

L'administrateur provisoire, à la ville de Beaune et à l'arrondissement.

Une grande situation nous est faite.

Nous venons, pendant 18 années, de vivre sous le régime du despotisme. Nous sommes appelés aujourd'hui à vivre sous le régime de la liberté.

Le despotisme que nous avons subi s'était inauguré par le 2 décembre : Violation de domiciles, empoisonnements, égorgements, transportements, exil.

Ce qu'il fallait au misérable qui s'était traîtreusement et violemment emparé du Pouvoir, c'était d'avoir dans toutes les fonctions des hommes absolument dévoués à sa personne.

Par lui dépouillés même de nos vieilles franchises municipales, il nous nommait nos maires ; partout sa main se faisait sentir, et dans nos élections communales ou autres, ses nombreux agents nous imposaient leurs choix.

Mais, disiez-vous, cet homme nous protége, notre travail est fécond, nous vendons bien nos denrées ; et, trop oublieux de son origine, vous ajoutiez : il est fort, donc il est bon.

Oui, vous le pensiez fort, en admirant son organisation militaire, en voyant son audace dans les coups de guet-apens.

Vous le pensiez fort.

Or, il arrive que, sous de trompeuses apparences, ce régime cachait en lui une immense faiblesse ; et pourquoi ?

Pourquoi ?

Parce qu'il n'était point honnête, parce qu'il ne pouvait l'être.

Et, en effet, comment pouvait-il l'être ? car le régime, c'était l'homme, l'homme qui rap. pelé parmi nous, grâce aux mesures de clémence et d'oubli de la République de 1848, n'avait pensé qu'à la trahir ; l'homme qui, trois ans après en avoir pris la présidence, la renversait par la violation de tous ses serments.

Aussi, apparurent soudain et le crime et le vol.

Donc, je le répète, ce régime n'était point honnête ; il ne pouvait l'être : ce fut sa faiblesse, ce fut sa ruine.

Voilà à grands traits et en quelques mots ce que fut le régime déchu. Et voilà comment la France, surprise avec ce potentat gorgé d'or, avec ses Fournisseurs enrichis, ses Régiments incomplets et ses Arsenaux sans armes, voilà, dis-je, comment la France, après seulement 40 jours de lutte, subit, frémissante, les effroyables désastres d'une horrible invasion.

Telles sont les conséquences de l'odieux despotisme dont nous sortons à peine.

Qu'elles soient le dur châtiment de nos erreurs, de nos fautes ! qu'elles nous servent d'expiation !

Après avoir brièvement rappelé ce que fut le 2 Décembre et ce qu'a été l'Empire, vous me demanderez, sans doute, ce que sera la République ?

Ce qu'elle sera, le voici :

La République représentée non par un

homme, mais par des institutions, n'a qu'une chose en vue, le bien des honnêtes gens. Et dans les honnêtes gens, ceux dont la situation est la plus humble sont à nos yeux les plus respectables.

Sans doute, et à peine installée, la République ne pourra ni ne devra garder et prendre pour la servir ceux qui se seront notoirement signalés par leur obstination à la combattre. Mais quant au respect des personnes, des biens, et des droits légitimement acquis, ce respect là sera sa première loi, son fondement, sa base.

République signifie la chose publique, *Res publica*, le gouvernement du pays par le pays.

La République veut la liberté sans licence, c'est-à-dire cette bonne et loyale liberté qui s'arrête là où commence le droit d'autrui.

Elle veut l'émancipation de la commune.

Elle veut une bonne organisation intérieure, forte, mais libre, et d'autant plus forte qu'elle sera libre.

Plus d'armées permanentes, que chaque citoyen soit soldat.

Elle veut l'instruction largement, à profusion répandue pour éclairer les masses et favoriser le développement de toutes les aptitudes.

Elle veut la libre discussion de toutes les doctrines afin d'arriver graduellement et sans secousses aux améliorations sociales que notre époque réclame.

Voilà succinctement ce que veut la République.

Voilà ce que vous a annoncé, le 4 de ce mois, son pacifique avénement.

Voilà ce qu'elle vous promet, voilà ce qu'elle vous tiendra.

On avait dit jusqu'alors :

La France est, du monde entier, le pays le plus civilisé.

Faisons qu'on ajoute :

La France est, du monde entier, le pays le plus honnête.

Alors nous serons grands et nous mériterons d'être heureux et libres.

Beaune, le 20 septembre 1870.

L'Administrateur provisoire,
Paul BOUCHARD.

N° 50.

LE GOUVERNEMENT A MM. LES PRÉFETS.

CIRCULAIRE

Les membres du Gouvernement provisoire de la défense nationale,

Décrètent :

Art. 1er — Les conseils municipaux sont dissous.

Art. 2. — Les préfets sont autorisés à nommer les membres des bureaux électoraux qui doivent présider aux élections municipales et à celles de la Constituante. Ces membres rempliront les fonctions municipales jusqu'à ce que leurs successeurs soient nommés.

Tours, le 20 septembre 1870.

Signé : AD. CRÉMIEUX, AL. GLAIS-BIZOIN, L. FOURICHON.

Pour copie conforme :

L'Administrateur provisoire du département de la Côte-d'Or,

L. D'AZINCOURT.

N° 51.

DÉPÊCHE

—

Administrateur aux Sous-Préfets de Beaune, Châtillon et Semur.

Par décret du Gouvernement provisoire, toutes élections municipales et à la Constituante sont ajournées.

Vous recevrez ultérieurement copie des déclarations du Gouvernement.

En présence des prétentions de la Prusse, c'est une guerre à outrance.

Dijon, le 24 septembre, 2 h. 8 m. soir.

Pour copie conforme :

L'Administrateur provisoire de l'arrondissement de Beaune.

Paul BOUCHARD.

Nº 62.

RÉPUBLIQUE FRANÇAISE

PRÉFECTURE DE LA COTE-D'OR

ARRÊTÉ

Nous, Administrateur provisoire du département,

Considérant qu'il est indispensable de réorganiser complétement les administrations des Hospices, des Bureaux de bienfaisance, des Monts-de-Piété et de l'Asile des aliénés ; que le renouvellement partiel qui se produit annuellement, au moyen de la cessation des fonctions d'un membre de chacune de ces administrations, ne suffit pas pour opérer cette réorganisation,

ARRÊTONS :

La Commission administrative des Hospices,

Celle du Bureau de bienfaisance de la ville,

Le Conseil d'administration du Mont-de-Piété,

La Commission de surveillance de l'Asile des aliénés,

Sont dissous.

Il sera procédé prochainement à la réorganisation de ces administrations.

Fait à Dijon, le 21 septembre 1870.

L. D'AZINCOURT.

N° 53.

COMITÉ DE DÉFENSE DE BEAUNE

AVIS

Le président du Comité de défense prévient ses concitoyens que toutes les communications écrites adressées au Comité doivent porter la signature de leur auteur.

Le président, FEBVRE.

N° 64.

RÉPUBLIQUE FRANÇAISE

SOUS-PRÉFECTURE DE BEAUNE

L'Administrateur provisoire à la Ville de Beaune, à l'arrondissement.

Le 11 du présent mois, j'expédiais au Ministre de la guerre une dépêche ainsi conçue :

« Ne seriez-vous pas d'avis que, dès maintenant et dans des rayons à déterminer, toutes les villes et communes, d'ici Paris, organisassent un vaste système de défense ?

» Ce système, qui réserverait la circulation momentanée, consisterait, aux endroits stratégiques les plus importants, à couper toutes les routes, soit par des tranchées profondes, soit par l'élévation de solides et nombreuses barricades.

» De même à l'entrée des villes et des villages. De telle sorte que l'ennemi apprenne que, même après Paris, il rencontrerait partout la plus énergique résistance.

» Ne serait il pas également utile d'organiser ce même système au-delà de Paris, dans les départements déjà investis par l'ennemi, pour lui fermer la retraite, et même pourquoi pas sur toute la surface de la France non encore occupée ? »

Voici la réponse à cette dépêche :

» Par dépêche télégraphique de ce jour, vous m'avez soumis vos idées sur un système général de défense du territoire, consistant principalement à multiplier devant l'ennemi, pour entraver sa marche, les obstacles tels que coupures, tranchées, et barricades sur les routes, aux points statégiques les plus importants, et notamment à l'entrée des villes et villages. Ces moyens devraient, suivant vous, être employés non seulement sur les routes que les armées envahissantes ont encore à parcourir pour arriver à Paris, mais encore sur les derrières et même sur les autres parties du territoire où ces armées pourront être tentées de se répandre.

» Ces indications, Monsieur l'Administrateur, sont conformes aux instructions données par mon département et sont mises en pratique lorsqu'il y a lieu, sur les ordres de l'autorité militaire.

» Je ne vous remercie pas moins, Monsieur l'Administrateur, de la communication que vous m'avez adressée, et je vous invite à vous concerter avec le général commandant la 9e division militaire, pour les mesures de défense qu'il y aurait lieu de prévoir dans l'arrondissement de Beaune.

Le 20, ordre a été donné aux agents-voyers de notre arrondissement de faire un travail de stratégie indiquant les points défensables des routes et chemins de notre canton.

Hier soir 27, m'est arrivée par la préfecture de Dijon et venant du général commandant la 8e division militaire à Lyon, la dépêche suivante :

« Belfort m'informe qu'un corps allemand doit bientôt passer le Rhin pour se porter sur Dijon et Lyon.

» En conséquence, tenez-vous sur vos gardes.

» Recueillez tous les renseignements sûrs

que vous pourrez vous procurer et transmettez-les moi.

» Envoyez-moi par écrit l'exposé des dispositions qui ont été ou qui peuvent être prises pour arrêter ou retarder la marche de l'ennemi. »

Vous le voyez :

Maires, communes, conseillers municipaux, vous n'avez plus un instant à perdre.

Voter des emprunts pour acheter des équipements et des armes sans vous occuper de ce que le Gouvernement pourra vous envoyer ;

Vous lever en masse ;

Rassembler et vos pinces et vos pioches et vos pelles ;

Voilà à l'heure même ce que vous devez faire.

Alors, prêts à exécuter les travaux que les Comités de défense de Dijon et de Beaune vont vous prescrire par ordre du ministre de la guerre,

Vous travaillerez le jour, vous travaillerez la nuit, vos femmes vous aideront.

Et quand, à chaque kilomètre, ces barbares

trouveront un obstacle, un pont effondré, une tranchée, un piége, et derrière ces obstacles des fusils, des fourches, des hommes résolus, de bouillants courages ?

Que voulez-vous qu'ils fassent ?

Ils fuiront consternés.

Beaune, le 28 septembre 1870.

L'Administrateur provisoire,

Paul BOUCHARD.

N° 55.

VILLE DE BEAUNE

—

RAPPEL

A

L'ARRÊTÉ CONTRE LE DÉPAISSELAGE

Le Maire de la ville de Beaune,

Attendu que, par l'arrêté en date du 13 septembre courant, il a été enjoint aux propriétaires de laisser plantés les échalas ou paisseaux dans leurs vignes ;

Que depuis, plusieurs contraventions à cet arrêté ont été constatées, et qu'il importe à la défense du pays que la mesure prise par l'autorité municipale soit strictement exécutée;

Arrête :

Il est de nouveau enjoint aux propriétaires de la commune de laisser les échalas plantés dans leurs vignes jusqu'à ce qu'il en soit autrement ordonné.

Les propriétaires devront immédiatement donner des ordres à leurs vignerons pour qu'il en soit ainsi, et les gardes champêtres devront exercer une surveillance sévère sur le territoire confié à leur garde.

Des contraventions anciennes seront immédiatement poursuivies et le maire compte sur le patriotisme des habitants pour qu'il ne s'en produise pas de nouvelles. Elles seraient d'ailleurs réprimées de suite, et leurs auteurs ne pourraient alléguer aucune excuse après ce nouvel avis.

Le commmissaire de police est chargé de l'exécution du présent arrêté.

Beaune, le 22 septembre 1870.

Le Maire, A. DUPONT aîné.

N° 56.

RÉPUBLIQUE FRANÇAISE

SOUS-PRÉFECTURE DE BEAUNE

L'Administrateur provisoire à la Ville de Beaune, à l'arrondissement.

Au nom de la République que j'ai pour mission de défendre,

Au nom du Gouvernement que j'ai l'honneur de représenter et dont je suis ici l'organe,

Je proteste avec toute l'énergie dont je suis capable, contre les coupables menées du parti qui persiste à Lyon dans ses prétentions à s'emparer du pouvoir.

Ce parti, composé de meneurs, de gens aveugles et de malheureux animés de mauvaises passions, mérite d'être combattu sans relâche.

Disons aux aveugles que les meneurs les exploitent, qu'ils seraient leurs dupes et bientôt leurs victimes.

Disons-leur que ces meneurs sont de coupables intrigants qui n'ont rien d'autre en vue que leur intérêt personnel ; que leur seul but est d'effrayer la France, pour renverser la République à leur profit.

Disons leur que ces hommes-là méritent d'être flétris des noms les plus odieux.

Quant aux malheureux qui rêvent le bien-être dans les troubles et les bouleversements,

Disons à ceux-là que troubles et bouleversements n'engendrent jamais que la misère, dont eux, les premiers, auraient durement à souffrir ;

Disons leur que le plus grand ennemi de la misère, ce qui la repousse certainement,

C'est le Travail, l'Ordre et surtout la Conduite.

Que la République ait l'Ordre, vous lui permettez d'aborder les réformes que notre état société réclame.

Qu'au contraire, en échange de ses généreuses intentions, vous lui donniez le Désordre,

Vous paralysez son action, vous la réduisez à l'impuissance, vous la poignardez.

Ne prenez pas ce langage pour celui d'un homme tiède.

Il est celui d'un homme qui ne reculerait devant rien pour résister aux mauvaises tentations, n'importe d'où elles partent.

Ce que nous voulons, ce que je veux :

C'est une République honnête et sage ;

C'est celle que veut Paris, c'est celle que veut la France.

Laissons donc Lyon à ses ridicules et sinistres fantaisies ;

Et, sans jamais faiblir, continuons loyalement, bravement notre œuvre d'honnêteté, d'abnégation, de dévouement et de patriotisme.

Beaune, le 30 septembre 1870.

L'Administrateur provisoire.

Paul BOUCHARD.

N° 57.

RÉPUBLIQUE FRANÇAISE

LEVÉE EN MASSE
PREMIER BAN.

**Mobilisation de la Garde nationale sédentaire,
décret du gouvernement provisoire**

Tours, le 29 septembre 1870.

Art 1er. — Les Préfets organiseront immédiatement en compagnies de gardes nationaux mobilisés :

1° Tous les volontaires qui n'appartiennent ni à l'armée régulière ni à la garde nationale mobile ;

2° Tous les Français de 21 à 40 ans, non mariés ou veufs sans enfants, résidant dans le département.

Art. 2. — Ceux qui sont appelés à faire partie de l'armée active appartiendront à la garde nationale mobilisée jusqu'au jour où le Ministre de la guerre les réclamera pour le service de l'armée.

Art. 3. — Les préfets soumettront immédiatement les gardes nationaux mobilisés aux exercices militaires.

Art. 4. — Les compagnies de gardes nationaux mobilisés pourront, leur organisation faite, être mises à la disposition du Ministre de la guerre.

Art. 5. — Les Préfets pourront, si les armes manquent pour l'armement des gardes nationaux mobilisés, réclamer les armes des gardes nationaux sédentaires et au besoin requérir toutes les armes de chasse et autres.

Art. 6. — Le Secrétaire général, représentant le Ministre de l'intérieur pour les services administratifs, est chargé de l'exécution du présent décret.

Pour copie conforme :

L'Administrateur provisoire du département de la Côte-d'Or,

L. D'AZINCOURT.

Nous, Administrateur provisoire du département de la Côte-d'Or,

Vu le décret qui précède ;

Vu les instructions du Gouvernement provisoire,

ARRÉTONS :

Art. 1er. — Tous les Français célibataires ou veufs sans enfants, âgés de 21 à 40 ans, aptes à porter les armes, sont appelés à la défense du pays.

Les citoyens de cette catégorie qui habitent le département de la Côte-d'Or ou n'y ont qu'une simple résidence, se réuniront mardi, devant la sous-préfecture de leur arrondissement et dans la cour de l'hôtel-de-Ville à Dijon, pour cet arrondissement, munis des armes qu'ils auront à leur disposition.

Art. 2. — Il ne peut être admis aucune exception, si ce n'est pour des cas se rapportant à l'état physique de l'individu, cas auxquels il lui sera délivré une autorisation par le maire de la commune ou le délégué qui en remplira les fonctions, autorisation dont il devra nous rendre compte immédiatement, en précisant les causes qui l'auront motivée. Les gardes nationaux mobilisés seront logés chez l'habitant et recevront une solde d'un franc par jour.

Art. 3. — Ils seront réunis en compagnies et bataillons, puis appelés immédiatement à nommer leurs chefs.

Art. 4.— Tous les citoyens qui ont été ou seront inscrits à titre de volontaires et n'appartiennent ni à l'armée régulière ni à la garde nationale mobile, seront réunis en compagnies de gardes nationaux mobilisés.

Art. 5. — Tous les citoyens mis à la disposition du Ministre de la guerre par les lois en vigueur, qui n'ont pas encore été appelés, entreront dans les compagnies de gardes nationaux mobilisés jusqu'à ce que le Ministre de la guerre les réclame pour le service de l'armée.

Art. 6. — Les Compagnies de gardes nationaux mobilisés seront soumises aux exercices et marches militaires. Dès que les chefs seront nommés, des ordres du jour assigneront les lieux de rassemblement pour les compagnies et bataillons. Dès que leur organisation sera complète, ces compagnies mobilisées pourront être mises à la disposition du du Ministre de la guerre ; elles seraient soumises alors au régime des lois et réglements militaires.

Art. 7. — Il sera pourvu à l'armement des gardes nationaux mobilisés. Dans chaque commune, le maire ou le délégué qui en remplira les fonctions, de concert avec l'officier commandant la garde nationale de la commune, fera remettre aux gardes nationaux mobilisés les fusils dont elle disposera, ceux même qui auraient été déjà confiés à des gardes nationaux non mobilisés. Le surplus des fusils que conservera la commune pour les gardes nationaux sédentaires, resteront à notre disposition pour compléter l'armement des gardes nationaux mobilisés d'autres communes qui ne seraient pas armés. En cas d'insuffisance d'armes de guerre, les compagnies mobilisées seront armées au moyen d'armes de chasse et autres, conformément aux réquisitions que nous serons dans le cas de faire.

Art. 8. — MM. les Maires sont chargés, sous

leur responsablilité, de l'exécution du présen
arrêté ; ils le feront publier dès qu'il leu
sera parvenu et tiendront la main à ce que
tous les citoyens appelés quittent leur com
mune pour se rendre au chef-lieu de l'arron
dissement. Ils nous informeront immédiate
ment si quelques-uns s'y refusaient, ils y
seraient contraints par tous les moyens que la
loi met à notre disposition.

Fait à Dijon, le 30 septembre 1870.

*L'administrateur provisoire, du département
de la Côte-d'Or,*

D'AZINCOURT.

N° 58.

PASSAGE DU GÉNÉRAL UHRICH.

PRISONNIER DE GUERRE SUR PAROLE
SE RENDANT A TOURS

Gare de Beaune, 1er octobre, 9 h 30 m., soir.

Douloureuses, mais nobles et fortifiantes
paroles prononcées par lui.

Sympathique et profonde émotion des assistants en présence de ce héros en qui se personnifiait l'héroïsme de Strasbourg.

Ses mains furent couvertes de baisers mêlés de larmes.

Strasbourg renaîtra de ses cendres. Nous le vengerons, et il restera immortel comme le nom de son glorieux défenseur.

Paul BOUCHARD.

N 59.

RÉPUBLIQUE FRANÇAISE

AVIS

L'Administrateur provisoire du département de la Côte-d'Or informe ses concitoyens que l'appel au chef-lieu d'arrondissement des gardes nationaux sédentaires mobilisés, qui devait avoir lieu mardi prochain, est ajourné quant à présent.

L'organisation des compagnies mobilisées se fera de suite dans les communes.

L'appel des jeunes gens appartenant à la classe 1870 aura lieu très prochainement.

Pour l'Administrateur provisoire :

Le Délégué

NICOLIN.

N° 69.

RÉPUBLIQUE FRANÇAISE

APPEL

Des célibataires et veufs sans enfants de 21 à 40 ans

Nous, Administrateur provisoire du département de la Côte-d'Or,

Vu le décret du Gouvernement provisoire en date du 20 septembre 1870, lequel mobilise une partie de la garde nationale sédentaire ;

Vu la désicion du ministre qui appelle au service militaire les jeunes soldats de la classe 1870 ;

Vu notre arrêté, en date du même jour qui appelle aux chefs-lieux d'arrondissements tous les gardes nationaux compris dans cette catégorie, lequel est modifié ainsi qu'il suit :

ARRÊTONS :

Art. 1er. — Tous les citoyens français, célibataires ou veufs sans enfants, âgés 21 à 40 ans, habitant le département de la Côte-d'Or ou n'y ayant qu'une simple résidence, aptes à faire le service de la garde nationale, se réuniront au chef-lieu de leur arrondissement. dans le plus court délai possible, pour être formés en compagnies et en bataillons.

Art. 2. — Les maires des communes dresseront immédiatement, et sans désemparer, l'état des citoyens appartenant à cette catégorie qui habitent leur commune ou n'y ont qu'une résidence ; ils le feront parvenir sans délai à la sous-préfecture pour les arrondissements de

Beaune, Châtillon et Semur, et à la préfecture pour l'arrondissement de Dijon.

Art. 3. — MM. les Sous-Préfets convoqueront sous trois jours les gardes nationaux mobilisés pour les répartir en compagnies et bataillons ; ils feront procéder à l'élection des chefs, conformément à la loi de 1851 sur la garde nationale ; ils nous rendront compte de ces opérations aussitôt qu'elles auront été accomplies.

Art. 4. — Les jeunes gens de la classe de 1870 qui, aux termes du décret du 29 septembre, devront être compris dans les compagnies mobilisées jusqu'à ce que le Ministre de la guerre les appelle, ne seront pas mobilisés.

Fait à Dijon le 5 octobre.

L'Administrateur provisoire

L. D'AZINCOURT.

N° 61.

RÉPUBLIQUE FRANÇAISE

APPEL

Des Célibataires et veufs sans Enfants, de 21 à 40 ans

Nous, Administrateur provisoire de l'arrondissement de Beaune,

Vu le décret du Gouvernement provisoire en date du 29 septembre, lequel mobilise une partie de la Garde nationale sédentaire ;

Vu l'arrêté en date du même jour, par lequel M. l'Administrateur du département de la Côte-d'Or appelle aux chefs-lieux d'arrondissement tous les Gardes Nationaux compris dans cette catégorie, lequel a été rapporté :

Vu l'arrêté en date du 3 Octobre courant, qui convoque tous les Citoyens français célibataires ou veufs sans enfants, âgés de 21 à 40 ans, qui habitent le département, ou n'y ont qu'une simple résidence,

ARRÈTONS :

Article 1er.

Les Citoyens de cette catégorie appartenant à l'arrondissement de Beaune, se réuniront à Beaune, sur la promenade de Buttes près la porte St-Nicolas, pour être répartis en compagnies mobilisées.

Article 2.

Sont appelés :

Pour le jeudi 6 octobre courant à 8 h. du matin les gardes nationaux de la commune de Beaune. — Ils se formeront dans l'ordre de leurs compagnies respectives, ceux de la première à l'entrée des buttes, près de la porte St-Nicolas ; ceux de la deuxième à la suite et les autres en suivant jusqu'a la rue des Rôles.

Pour le même jour, à midi, ceux des communes rurales des deux cantons de Beaune.

Pour le même jour, à 3 heures du soir, ceux des communes des cantons de Nuits et Nolay.

Article 3.

Sont appelés :

Pour le lendemain 7 octobre, à dix heures du matin, les gardes nationaux des communes des cantons de Bligny-sur-Ouche et Seurre.

Pour le même jour, à deux heures du soir, ceux des communes des cantons d'Arnay et St-Jean-de-Losne.

Article 4.

Sont appelés :

Pour le lendemain, 8 octobre, à midi, les gardes nationaux des communes des cantons de Liernais et Pouilly.

Article 5.

Les communes se placeront dans l'ordre alphabétique de leurs noms, savoir : la première, à l'entrée des Buttes, près la porte Saint-Nicolas, et les autres, en suivant jusqu'à la rue des Rôles. On procédera ensuite à la répartition des gardes en compagnies de 120 à 150 hommes, en évitant autant que possible de diviser une commune en plusieurs compagnies. .

Fait à Beaune, le 4 octobre 1870.

L'Administrateur de l'arrondissement,

Paul BOUCHARD.

N° 62.

RÉPUBLIQUE FRANÇAISE

VILLE DE BEAUNE

ARRÊTÉ CONCERNANT LES ARMES

Le Maire de la ville de Beaune,

Vu le décret du Gouvernement de la défense nationale en date du 29 septembre 1870, concernant la mobilisation de la garde nationale sédentaire ;

Vu les arrêtés du Préfet de la Côte-d'Or des 30 septembre et 3 octobre dernier, relatifs au même objet ;

Vu les instructions préfectorales se rapportant à l'exécution desdits décrets et arrêtés, et qui prescrivent l'inventaire des Fusils de chasse ou autres se trouvant dans toutes les communes du département ;

ARRÈTE :

Art. 1er. — Tous les Citoyens habitant la commune de Beaune, détenteurs de Fusils de chasse ou autres, sont tenus de faire immédiatement la déclaration de ces armes au Secrétariat de la Mairie.

Un registre spécial sera ouvert à cet effet.

Art. 2. — Tous ceux qui ne déféreraient pas au présent arrêté s'exposeraient à des poursuites.

Beaune, le 4 octobre 1870.

Le Maire,

A. DUPONT aîné.

N° 63.

L'ADMINISTRATEUR DE L'ARRONDISSEMENT DE BEAUNE

AUX GARDES NATIONAUX

La Patrie est sauvée, je vous l'annonce, je vous le dis.

Elle est sauvée, elle sera sauvée par vous.

Je vous le dis, parce que hier encore vous n'étiez tous que de paisibles citoyens, tandis qu'aujourd'hui, je vous vois tous transformés en hommes résolus, en vaillants soldats.

Ils sauront bientôt votre empressement à accourir de tous les points, ces odieux ennemis.

Ils sauront que pas un de vous n'a manqué à l'appel.

Ils sauront que ceux dont les noms avaient été oubliés sont aussi accourus pour se faire inscrire.

Ils vous verront soumis à la discipline, soumis à vos chefs comme de vieux soldats.

9

Ils vous verront infatigables, comme vous l'êtes à manier vos outils, à tracer vos sillons.

Ils vous verront mépriser leur mitraille.

Ils vous verront, lestes et agiles, sauter sur leurs canons pour les enclouer.

Ils en verront qui les regarderont du seul œil qui leur reste.

Ils en verront de grands, ils en verront de petits.

Ils en verront de vieux, ils en verront de jeunes.

Enfin, ils verront ce que c'est que la France républicaine, la France qui se réveille, et qui de l'Est à l'Ouest, du Nord au Midi, a jeté son cri d'alarme et de patriotisme.

Je vous le dis, je vous l'annonce :

Ils sont tous perdus !

Beaune, le 8 octobre 1870.

L'Administrateur,

Paul BOUCHARD.

N° 61.

RÉPUBLIQUE FRANÇAISE

Liberté — Égalité — Fraternité

**Le Ministre de l'intérieur à MM. les préfets
et Sous-Préfets.**

PROCLAMATION

CITOYENS DES DÉPARTEMENTS,

Par ordre du Gouvernement de la République j'ai quitté Paris pour venir vous apporter, avec les espérances du peuple renfermé dans ses murs, les instructions et les ordres de ceux qui ont accepté la mission de délivrer la France de l'étranger.

Paris, depuis vingt jours étroitement investi a donné au monde un spectacle unique, spectacle de deux millions d'hommes qui, oubliant leurs préférences, leurs dissidences antérieures pour se serrer autour du drapeau de la République, ont déjà déjoué les calculs de l'envahisseur, qui comptait sur la discorde civile pour lui ouvrir les portes de la capitale. La révolution avait trouvé Paris sans canons et sans armes; à l'heure qu'il est, on a armé 400,000 hommes de la garde nationale, appelé 100,000 mobiles, groupé 60,000 hommes de troupes régulières; les ateliers fondent des canons, les femmes fabriquent un million de cartouches par jour, la garde nationale est pourvue de deux mitrailleuses par bataillon. On lui fait des canons de campagne pour qu'elle puisse opérer bientôt des sorties contre les assiégeants. Les forts occupés par la marine ressemblent à autant de vaisseaux haut-bord immobiles, garnis d'une artillerie merveilleuse et servie par les premiers pointeurs du monde. — Jusqu'à présent, sous le feu de ses forts, l'ennemi a été impuissant à établir le moindre ouvrage.

L'enceinte elle-même, qui n'avait que 5 canons le 4 septembre, en compte aujourd'hui 3,800; à la même date il y avait 30 coups de canon à tirer par pièce, aujourd'hui il y en a 400, et l'on continue à fondre des projectiles avec une fureur qui tient du vertige.

Tout le monde a son poste marqué dans la cité et sa place de combat ; l'enceinte est perpétuellement couverte par la garde nationale, qui, de l'aube à la nuit, se livre à tous les exercices de la guerre avec l'application du patriotisme. On sent tous les jours grandir le soldat improvisé. Derrière cette enceinte ainsi gardée, s'élève une troisième enceinte construite sous la direction du Comité des barricades. Derrière ces pavés, savamment disposés, l'enfant de Paris a retrouvé pour la défense des institutions républicaines le génie même du combat des rues. Toutes ces choses, partout ailleurs impossibles, se sont exécutées au milieu du calme, de l'ordre, et grâce au concours qui a été donné aux hommes qui représentent la République, ce n'est point une illusion, ce n'est pas non plus une vaine formule : Paris est inexpugnable, il ne peut être pris ni surpris.

Restaient aux Prussiens deux autres moyens d'entrer dans la capitale : la sédition et la famine. La sédition, elle ne viendra pas par les suppôts et les complices du gouvernement dé-

chu; ou bien ils ont fui ou bien ils se cachent.
Quant aux serviteurs de la République, les ardents comme les tièdes trouvent dans le gouvernement de l'Hôtel de Ville d'incorruptibles
otages de la cause républicaine et de l'honneur
national. La famine : prêt aux dernières privations, Paris se rationne volontairement tous
les jours et il a devant lui, grâce aux accumu-
lations de vivres, de quoi défier l'ennemi pendant de longs mois encore. Il supportera avec
une mâle constance la gêne et la disette pour
donner à ses frères des départements le temps
d'accourir et de le ravitailler. Telle est sans
déguisement ni détour la situation de la capitale et de la guerre.

Citoyens des départements ! cette situation
vous impose de grands devoirs : le premier de
tous, c'est de ne vous laisser divertir par aucune préoccupation qui ne soit pas la guerre, le
combat à outrance ; le second c'est, jusqu'à la
paix, d'accepter fraternellement le commandement du pouvoir républicain sorti de la nécessité et du droit. Ce pouvoir d'ailleurs ne saurait, sans déchoir, s'exercer au profit d'au-

cune ambition. Il n'a qu'une passion et qu'un titre : arracher la France à l'abîme où la monarchie l'a plongée. Cela fait, la République sera fondée, et à l'abri des conspirateurs et des réactionnaires. Donc, toutes autres affaires cessant, j'ai mandat, sans tenir compte ni des difficultés ni des résistances, de remédier, avec le concours de toutes les énergies, aux vices de notre situation, et quoique le temps manque, de suppléer à force d'activité à l'insuffisance des délais.

Les hommes ne manquent pas ; ce qui fait défaut c'est la résolution, la décision et la suite dans l'exécution des projets ; ce qui fait défaut, après la honteuse capitulation de Sedan, ce sont les armes. Tous nos approvisionnements de cette nature avaient été dirigés sur Sedan, Metz et Strasbourg, et l'on dirait que, par une dernière et criminelle combinaison, l'auteur de tous nos désastres à voulu en tombant nous enlever tous les moyens de réparer nos ruines.

Maintenant, grâce à l'intervention d'hommes spéciaux, des marchés ont été conclus qui ont pour but et pour effet d'accaparer tous les fusils disponibles sur le marché du globe. La difficulté était grande de se procurer la réalisation de ces marchés, elle est aujourd'hui surmontée.

Quant à l'équipement et l'habillement, on va muliplier les ateliers et requérir les matières premières si besoin est ; ni les bras ni le zèle des travailleurs ne manquent, l'argent ne manquera pas non plus.

Il faut enfin mettre en œuvre toutes nos ressources, qui sont immenses, secouer la torpeur de nos campagnes, réagir contre de folles paniques, multiplier la guerre de partisans, et à un ennemi si fécond en embûches et en surprises, opposer des piéges, harceler ses flancs, surprendre ses derrières et enfin inaugurer la guerre nationale.

La République fait appel au concours de tous ; son Gouvernement se fera un devoir d'utiliser tous les courages, d'employer toutes les capacités ; c'est sa tradition à elle d'armer les jeunes chefs. Nous en ferons. Le Ciel lui-même cessera d'être clément pour nos adversaires; les pluies d'automne viendront et, retenus, contenus par la capitale, les Prussiens, si éloignés de chez eux, inquiétés, troublés, pourchassés par nos populations réveillées, seront décimés par nos armes, par la faim, par la nature. Non, il n'est pas possible que le génie de la France se soit voilé pour toujours, que la grande nation se laisse prendre sa place par une invasion de 500,000 hommes. Levons-nous donc en masse et mourons plutôt que de subir la honte du démembrement.

A travers tous nos désastres et sous les coups de la mauvaise fortune, il nous reste encore le sentiment de l'unité française, l'individualité de la République. Paris cerné affirme plus glorieusement encore son immortelle devise qui dictera aussi celle de toute la France.

Vive la Nation !

Vive la République, une et indivisible !

Le Membre du Gouvernement de la Défense Nationale,
Ministre de l'intérieur,

LÉON GAMBETTA.

Tours, le 9 Octobre 1870.

Pour copie conforme :

L'Administrateur provisoire du département
de la Côte-d'Or,

L. D'AZINCOURT.

N° 65.

AVIS

La Chambre de commerce de Beaune, répondant au vœu général, fait appel à tous les Commerçants et Industriels de l'arrondissement, afin d'aviser aux moyens de suppléer à l'insuffisance du numéraire et des coupures de billets de la Banque de France.

La réunion aura lieu samedi prochain, 15 du présent mois, à 2 heures précises, à l'hôtel de Ville de Beaune, salle du Tribunal de commerce.

Le Président de la Chambre de Commerce,
Antonin BOUCHARD.
Secrétaire, Ant. BOURGEOIS.

N° 66.

RÉPUBLIQUE FRANÇAISE

Tours, le 9 Octobre 1870

Le Gouvernement de la Défense nationale,

Vu la dépêche de la Délégation de Tours, en date du 29 septembre, parvenue le 1er octobre au Gouvernement, portant fixation au 16 octobre des élections pour l'Assemblée nationale ;

Vu le décret du Gouvernement, en date du 23 septembre, et le décret conforme de la Délégation de Tours ajournant lesdites élections ;

Attendu que cette résolution nouvelle est en opposition avec le Gouvernement de la Défense nationale et que d'ailleurs elle est d'une exécution matériellement impossible dans vingt-trois départements et nécessairement incomplète dans les autres,

DÉCRÈTE :

Art. 1er. — L'ajournement des élections générales est maintenu jusqu'au moment où elles pourront se faire sur toute la surface de la République.

Art. 2. — Toute opération accomplie en violation du présent décret sera nulle et de nul effet.

Fait à l'Hôtel de Ville de Paris, le 1er octobre 1870.

Général TROCHU, Jules FAVRE, GAMBETTA, E. PICARD, E. ARAGO, J. FERRY, GARNIER-PAGÈS, J. SIMON, PELLETAN, ROCHEFORT.

Pour copie conforme:

Vu par l'Administrateur provisoire,

L. D'AZINCOURT.

N° 67.

PROCLAMATION

—

Tours, le 14 octobre 1870.

CITOYENS DES DÉPARTEMENTS,

C'est avec une indicible expression de joie que je me hâte de vous faire connaître les fortifiantes nouvelles qui nous arrivent de Paris, apportées par le ballon parti le 12 octobre de la capitale.

Paris, le peuple, de jour en jour plus héroïque, prépare le salut de la France par l'ordre admirable qu'il maintient dans la cité, par les privations qu'il s'impose joyeusement; car, détail qui n'a rien de vulgaire dans la grandeur de la situation où nous sommes, c'est par la viande de cheval qu'il commence le siége, réservant pour les derniers jours les troupeaux vivant dans ses murs.

Impatienté derrière ses remparts, la garde nationale a voulu marcher à l'ennemi; voici le bulletin de sa première victoire:

Sur toute la ceinture, les Prussiens ont été

délogés des positions qu'ils occupaient depuis trois semaines.

Au nord, dans la direction de Saint-Denis, on les a refoulés au delà de Saint-Denis de Pierrefitte, de Lagny.

A l'est, on leur a repris Beaubigny, Joinville-le-Pont, Créteil, le plateau d'Avron.

Au sud-ouest, on leur a enlevé le bas Meudon et Saint-Cloud, les refoulant sur Versailles.

Ils savent maintenant ce que vaut un peuple qui veut sauver son honneur et ses institutions.

Je vous le disais il y a deux jours ; Paris est inexpugnable, le voilà devenu assaillant.

D'aussi admirables exemples ne peuvent laisser les départements insensibles. Redoublons tous de travail et d'énergie, sûrs, désormais, que Paris fera son devoir jusqu'au bout. — Faisons le nôtre.

Vive Paris ! Vive la France ! vive la République !

Le Membre du Gouvernement de la Défense nationale,
Ministre de l'intérieur et de la guerre,

Léon GAMBETTA.

N° 68.

APPEL

Au patriotisme de tous les citoyens qui voudront et pourront économiser à l'État leur solde de 1 fr. par jour.

Que ceux-là veuillent bien passer au bureau de l'état civil pour se faire inscrire.

Une liste de leurs noms sera dressée pour être conservée dans leurs mairies respectives et publiée dans les journaux de notre localité.

Paul BOUCHARD.

N° 69.

RÉPUBLIQUE FRANÇAISE

ARMÉE DES VOSGES

HABITANTS DE LA CÔTE-D'OR !

Le général Garibaldi a mis son courage et son expérience au service de la République française ; le gouvernement de la Défense nationale l'a chargé spécialement de l'organisation et du commandement des corps de francs-tireurs et de volontaires, sous la direction du général Cambriels, commandant en chef les départements de l'Est.

Nul mieux que le patriote italien n'est apte à organiser cette guerre de guérillas. C'est donc à juste titre qu'il vous dit de compter sur lui et sur son courage indomptable.

L'Administrateur provisoire,

L. D'AZINCOURT.

N° 10.

VOLONTAIRES ET FRANCS-TIREURS !

Je viens de prendre le commandement des corps formés pour la défense nationale.

La Prusse sait qu'elle doit maintenant compter aussi avec la nation armée. Je ne vous adresse pas de longues paroles.

Je vous adresse des instructions qui vous serviront de règles dans vos opérations contre l'envahisseur et l'ennemi de la République.

Je compte sur vous, vous pourrez compter sur moi.

Vive la République !

GARIBALDI.

N 71.

Tours, 17 octobre 1870, 10 h. 5 m. matin.

Le Ministre de l'Intérieur à M. le Préfet de la Côte-d'Or.

Extrait du Rapport militaire officiel sur la journée du 13, sous Paris :

Bagneux a été enlevé par les mobiles de la Côte-d'Or, dont la conduite, déjà signalée deux fois a été brillante.

Extrait de l'ordre du jour du général Trochu :

Pour la seconde fois, les bataillons de la Côte-d'Or se sont hautement distingués.

Pour copie conforme :

L'Administrateur provisoire,

L. D'AZINCOURT.

N° 12.

AVIS

Les engagements volontaires des gardes nationaux mobiles pour l'armée active sont suspendus jusqu'à nouvel ordre.

L'Administrateur provisoire du département de la Côte-d'Or,

L. D'AZINCOURT.

N° 13.

RÉPUBLIQUE FRANÇAISE

—

INTERDICTION

De l'exportation à destination des localités envahies par l'ennemi des céréales, denrées alimentaires et de tous les produits susceptibles d'être employés pour l'habillement et l'équipement des troupes.

Nous, Administrateur provisoire du département de la Côte-d'Or :

Vu l'art. 77 du Code pénal ainsi conçu :

« Sera puni de mort quiconque aura fourni aux ennemis des secours en argent, vivres, armes ou munitions ; »

Considérant qu'il est établi que l'ennemi s'approvisionne dans nos contrées, qu'il importe de mettre un terme à des actes coupables qui sont de nature à aggraver les périls de la situation,

ARRÈTONS :

Art. 1er. — Est interdite l'exportation du département de la Côte-d'Or à destination des localités envahies par l'ennemi : 1° des céréa et denrées alimentaires de toute nature ; 2° des étoffes, des cuirs, et en général de tous produits naturels ou manufacturés susceptibles d'être employés pour l'habillement ou l'équipement des troupes.

Art. 2. — Tout voiturier ou camionneur transportant des objets de la nature de ceux ci-dessus spécifiés, ne pourra voyager que muni d'un laissez-passer émanant de la mairie du lieu d'expédition et indiquant la nature et la quantité des marchandises composant son chargement, le nom du vendeur, celui du destinataire et celui du voiturier, ainsi que le lieu de destination.

Art. 3. — Les voituriers doivent exhiber leur laissez-passer à la première réquisition faite par les maires, adjoints, fonctionnaires publics, employés des contributions et gardes nationaux de service.

Art. 4. — Les chefs de gare de chemin de fer et les entrepreneurs par eau ne devront délivrer de récépissés aux expéditeurs pour les marchandises énoncées à l'art. 1er du présent arrêté, qu'après avoir vérifié le laissez-passer.

Art. 5. — Tout voiturier par terre ou par eau, voyageant sans laissez-passer, sera conduit au chef-lieu de canton ou d'arrondissement.

Les chevaux, voitures, bateaux, équipages et agrès seront retenus jusqu'à parfaite mise en règle, conformément aux prescriptions ci-dessus indiquées.

Art. 6. — Le présent arrêté sera publié et affiché dans toutes les communes du département.

Fait à Dijon le 15 octobre 1870.

L'Administrateur provisoire,

L. D'AZINCOURT.

N° 11.

RÉPUBLIQUE FRANÇAISE

SOUS-PRÉFECTURE DE BEAUNE

A tous les Hommes de l'Arrondissement de Beaune, faisant partie de la levée de 21 à 40 ans.

Citoyens,

Vos compagnies sont formées ; vos Officiers sont nommés.

Aujourd'hui donc, vous êtes tous soldats.

C'est à ce titre que je vous invite à vous trouver tous réunis, de l'extrémité de la promenade des Buttes à celle du Jardin anglais, *Dimanche* prochain 23 courant, à une heure de l'après-midi.

On procédera par l'appel. L'appel terminé et l'ordre établi, vous monterez tous ensemble sur le plateau de Mont-de-Ronde, où sera passée, par le Général commandant le département, une Revue générale de toutes vos Compagnies.

Ce sera le moyen de vous voir et de vous compter.

A votre bonne tenue, à la discipline dont vous ferez preuve, déjà vous pourrez juger de votre force et de ce que sont des citoyens devenus soldats.

Beaune, le 19 octobre 1870.

Paul BOUCHARD.

N° 75.

DÉPÊCHE TÉLÉGRAPHIQUE

M. Titard, chef de bataillon, commandant le 1er bataillon de la Côte-d'Or, à M. le sous-Préfet de Beaune.

Je suis heureux et fier de vous informer que le bataillon de l'arrondissement de Beaune s'est vaillamment conduit au combat de Chevilly. J'ose espérer que les officiers, sous-officiers et gardes-mobiles, qui se sont le plus particulièrement distingués seront récompensés par notre Gouvernement.

J'ai le regret de vous annoncer que j'ai eu 8 officiers de blessés. Ce sont :

MM. Guilleminot, Gagneur, de Torcy, Imbault, Batault, Ratheau, Bonhomme et Meilhan.

Ces trois derniers ont de légères blessures.

Vaares, le 7 octobre 1870.

N° 76.

COMITÉ DE DÉFENSE DE BEAUNE

Dans sa séance en date du 20 octobre 1870, le Comité de défense de Beaune a décidé ce qui suit :

Art. 1er. — Une première compagnie d'éclaireurs volontaires est en voie de formation: à cet effet, une liste d'engagements, déposée au secrétariat de la mairie, est à la disposition des signataires.

Art. 2. — Cette première compagnie est destinée à opérer sous les ordres combinés du Comité de défense et du commandant de la garde nationale, dans l'arrondissement de Beaune, et, si les circonstances l'exigent, dans le département de la Côte-d'Or tout entier et même en dehors de ces limites.

Art. 3.— L'effectif de cette première compagnie est fixé à CENT hommes. Toutefois, elle sera considérée comme constituée et appelée à élire ses chefs, aussitôt qu'il y aura quarante signataires.

Art. 4. — Les cadres de la compagnie au complet se composeront de :

Un capitaine,
Un lieutenant,
Un sous-lieutenant,
Un sergent-major,
Quatre sergents,
Huit caporaux.

A la formation par quarante adhérents, il ne sera nommé qu'un lieutenant, un sergent-major, deux sergents et quatre caporaux.

Art. 5. — L'éclaireur volontaire qui ne serait pas possesseur d'un bon fusil en sera pourvu. Il s'engage à fournir son uniforme et son équipement.

Art. 6. — Cette compagnie est appelée à faire un service très actif. Dès sa formation, il lui sera imposé des exercices journaliers, ainsi que des marches militaires de jour et de nuit.

Art. 7. — Les éclaireurs volontaires, qui manqueront aux exercices divers et aux prises d'armes, seront passibles des peines spécifiées dans le réglement de la garde nationale.

L'ennemi est à nos portes. Il y a urgence. Tous les citoyens de bonne volonté sont invités à s'inscrire immédiatement.

Pour copie conforme :

Le Commandant de la garde nationale de Beaune,
membre du Comité de défense,

A. MIGNOTTE.

Le Maire, A DUPONT aîné.

Le Sous-Préfet de l'arrondissement,

Paul BOUCHARD.

N° 11.

Dijon. 22 octobre 1870.

Préfet de la Côte-d'Or à Sous-Préfet de Beaune.

L'ennemi est à Gray depuis hier soir : nous

gardons la ligne de la Saône. Tenez tous vos mobiles prêts à un départ éventuel.

D'AZINCOURT.

N° 18.

RÉPUBLIQUE FRANÇAISE

DÉPÊCHE TÉLÉGRAPHIQUE

Tours, 21 octobre 1870, 12 h, 30 matin.

Intérieur et Guerre à MM. les Préfets et Sous-Préfets.

CIRCULAIRE

Veuillez prévenir tous les Maires de toutes vos communes que la résistance à l'ennemi est plus que jamais à l'ordre du jour; que tout le monde doit faire son devoir, notamment les magistrats municipaux, qui ne peuvent faire moins que les gardes nationaux mobilisés. Après les héroïques exemples donnés par des villes ouvertes, par des villages exclusivement gardés par des compagnies de pompiers, il est d'absolue nécessité que chaque ville, chaque commune paie sa dette à la défense nationale, que tout le monde se pénètre du devoir qui est imposé à la France. Les villes et les communes qui se rendraient sans avoir tenté la résistance seraient dénoncées au pays par le *Moniteur*.

Pour copie conforme:

L'Administrateur provisoire,

L. D'AZINCOURT.

N° 19.

HABITANTS DE LA CÔTE-D'OR!

Aux armes! — Nous sommes l'avant-garde de la France, — l'ennemi est à nos portes.

Enhardi bien moins par ses succès que par l'absence de résistance, il lance de tous côtés des colonnes volantes chargées de rançonner et de piller les départements.

Opposons à ces réquisitionnaires la résistance du désespoir.

A la première nouvelle du danger, nos mobilisés, nos volontaires et les mobiles, en station dans notre département, ont été, par les soins du Comité militaire, dirigés sur les point menacés.

Organisons par derrière la défense locale.

Que les villes comme les villages s'arment et se préparent, et cette résistance énergique sera notre sauvegarde, notre salut.

Vive la France ! Vive là République !

L'Administrateur provisoire,

L. D'AZINCOURT.

N° 80.

AVIS

Le Procureur de la République près le tribunal civil de première instance de Beaune, informé que des individus parcourent nos contrées pour faire des achats de denrées alimentaires et de bestiaux destinés à ravitailler les armées ennemies, rappelle aux populations les prescriptions de l'article 77 du Code pénal, qui punit les odieuses spéculations de la peine *capitale.*

Cet article est ainsi conçu :

« Sera également puni de *mort* quiconque

aura pratiqué des manœuvres ou entretenu des intelligences avec les ennemis de l'Etat, à l'effet de faciliter leur entrée sur le territoire et dépendances de la République, ou de leur livrer des villes, forteresses, places, postes, ports, magasins, arsenaux, vaisseaux ou bâtiments appartenant à la France, ou de fournir aux ennemis des secours en soldats, hommes, argent, *vivres*, armes ou munitions, ou de seconder les progrès de leurs armes sur les possessions ou contre les forces françaises de terre ou de mer, soit en ébranlant la fidélité des officiers, soldats, matelots ou autres, envers la République et l'Etat, *soit de toute autre manière.* »

Beaune, le 25 octobre 1870

Le Procureur de la République,
HIPPOLYTE GUIGOT.

N° 81.

DÉPÊCHE TÉLÉGRAPHIQUE

Saint-Étienne, 25 octobre 1870.

Febvre, délégué de Beaune, à Gambetta.

Par ordre, dit Toussaint, de la Commission

d'armement, Toussaint me refuse les 2,000 fusils que vous nous accordez par dépêche du 24. Je perds temps et forces en démarches; ne puis aller à Tours, car utile à Beaune. Je persiste à demander six mille. Donnez ce que pouvez. Surtout plus de conflits.

FEBVRE.

N. 82.

Tours, le 31 octobre 1870.

Le Ministre de l'Intérieur à MM. les Préfets et Sous-Préfets.

PROCLAMATION AU PEUPLE FRANÇAIS.

Français,

Elevez vos âmes et vos résolutions à la hauteur des effroyables périls qui fondent sur la Patrie. Il dépend encore de vous de lasser la mauvaise fortune et de montrer à l'univers ce qu'est un grand peuple, qui ne veut pas périr et dont le courage s'exalte au sein même des catastrophes.

Metz a capitulé! Un général sur qui la France comptait, même après le Mexique, vient d'enlever à la Patrie en danger plus de cent mille de ses défenseurs. Le maréchal Bazaine a trahi, il s'est fait l'agent de l'homme de Sedan, le complice de l'envahisseur, et au mépris de l'honneur de l'armée dont il avait la garde, il a livré, sans même essayer un suprême effort, cent vingt mille combattants, vingt mille blessés, ses fusils, ses canons, ses drapeaux et la plus forte citadelle de la France, Metz, vierge jusqu'à lui, des souillures de l'étranger.

Un tel crime est au-dessus même des châtiments de la justice.

Et maintenant, Français, mesurez la profondeur de l'abime où vous a précipité l'empire. Vingt ans, la France a subi ce pouvoir corrupteur qui tarissait en elle toutes les sources de la grandeur et de la vie.

L'armée de la France, dépouillée de son caractère national, devenue, sans le savoir, un instrument de règne et de servitude, est engloutie, malgré l'héroïsme des soldats, par la trahison des chefs, dans les désastres de la Patrie.

En moins de deux mois, deux cent vingt-cinq mille hommes ont été livrés à l'ennemi : sinistre épilogue du coup de main militaire de décembre.

Il est temps de vous raffermir, citoyens, et, sous l'égide de la République que nous sommes bien décidés à ne laisser capituler, ni au dedans, ni au dehors, il est temps de puiser, dans l'extrémité même de nos malheurs, le rajeunissement de notre moralité et notre virilité politique et sociale.

Oui, quelle que soit l'étendue du désastre, il ne nous trouve ni consternés, ni hésitants ; nous sommes prêts aux derniers sacrifices, et en face d'ennemis que tout favorise, nous jurons de ne jamais nous rendre.

Tant qu'il restera un pouce du sol sacré sous nos semelles, nous tiendrons ferme le glorieux drapeau de la Révolution française. Notre cause est celle de la justice et du droit.

L'Europe le voit, l'Europe le sent : devant tant de malheurs immérités, spontanément, sans avoir reçu de nous ni invitation ni adhésion, elle s'est émue, elle s'agite.

Pas d'illusions ; ne nous laissons ni alanguir ni énerver, et prouvons par des actes que nous voulons, que nous pouvons tenir de nous-mêmes, l'honneur, l'indépendance, l'intégrité, tout ce qui fait la Patrie libre et fière.

Vive la France !

Vive la République une et indivisible !

Les Membres du Gouvernement :

CRÉMIEUX, GLAIS-BIZOIN, GAMBETTA.

N° 83.

Intérieur à Préfets et Sous-Préfets.

Tours, le 1er novembre 1870, 15 h. 20 m.

A L'ARMÉE

Soldats !

Vous avez été trahis, mais non déshonorés. — Depuis trois mois, la fortune trompe votre héroïsme.—Vous savez aujourd'hui à quels désastres l'ineptie et la trahison peuvent conduire les plus vaillantes armées. Débarrassés de chefs indignes de vous et de la France, êtes-vous prêts sous la conduite de chefs qui méritent votre confiance, à laver dans le sang des envahisseurs l'outrage infligé au vieux nom

Français ? — En avant! Vous ne luttez plus pour l'intérêt et les caprices d'un despote ; vous combattez pour le salut même de la patrie, pour vos foyers incendiés, pour vos familles outragées, pour la France, notre mère à tous, livrée aux fureurs d'un implacable ennemi ; guerre sainte et nationale, mission sublime, pour le succès de laquelle il faut, sans jamais regarder en arrière, nous sacrifier tous et tout entiers.

D'indignes citoyens ont osé dire que l'armée avait été rendue solidaire de l'infamie de son chef. — Honte à ces colomniateurs qui, fidèles au système des Bonaparte, cherchent à séparer l'armée du peuple, les soldats de la République ! Non, non, j'ai flétri comme je le devais, la trahison de Sedan et le crime de Metz, et je vous appelle à venger votre honneur, qui est celui de la France. — Vos frères d'armes de l'armée du Rhin ont déjà protesté contre ce lâche attentat, et retiré avec horreur leurs mains de cette capitulation à jamais maudite. A vous de relever le drapeau de la France qui, dans l'espace de quatorze siècles n'a jamais subi de pareille flétrissure. — Le dernier Bonaparte et ses séïdes pouvaient seuls amonceler sur nous tant de honte en si peu de jours. — Vous nous ramènerez la victoire, mais, sachez la mériter par la pratique des vertus militaires qui sont aussi les vertus républicaines ; le respect de la discipline, l'austérité de la vie, le mépris de la mort. Ayant toujours présente l'image de la patrie en péril, n'oubliez jamais que faiblir devant l'ennemi à l'heure où nous sommes, c'est commettre un parricide et en mériter le châtiment.

Mais le temps des défaillances est passé. C'est fini des trahisons. Les destinées du pays vous sont confiées, car vous êtes la jeunesse française, l'espoir armé de la patrie. Vous vaincrez et après avoir rendu à la France son rang dans le monde, vous resterez les citoyens d'une République paisible et respectée.

Vive la France ! Vive la République !

Le Membre du Gouvernement, Ministre de l'intérieur et de la guerre,

Léon GAMBETTA.

ICI DEVRAIT TROUVER PLACE

UNE

Proclamation de M. Paul BOUCHARD

SOUS-PRÉFET DE BEAUNE,

Proclamation aussitôt disparue qu'affichée.

———

N° 85.

RÉPUBLIQUE FRANÇAISE

VILLE DE BEAUNE

Garde nationale. — Rétablissement des Postes

Le Maire de la ville de Beaune,

Considérant que les circonstances actuelles imposent une grande surveillance, tant sur le passage des voyageurs que sur l'exportation ou le transit des marchandises;

Que cette surveillance ne peut être exercée que par la Garde nationale;

ARRÊTONS :

Article unique. — Les Postes de la Garde nationale seront rétablis aux extrémités des faubourgs Saint-Nicolas, Bretonnière, Madeleine et Bouze, avec correspondance sur les Postes de la Sous-Préfecture et de l'Hôtel-de-Ville, afin d'opérer la surveillance desdits voyageurs et marchandises.

Beaune, le 11 novembre 1870.

Le Maire,

A. DUPONT aîné.

N° 86.

M. LE PRÉFET DE LA COTE-D'OR

A MM. les Sous-Préfets et aux Maires du département

Messieurs les Sous-Préfets,

Messieurs les Maires,

Malgré nos désastres et l'envahissement qui en est la conséquence, le découragement ne doit pas nous atteindre, et plus que jamais le dévouement à la Patrie doit se traduire par des actes.

Des services de renseignements, organisés par chaque Sous-Préfecture, relieront les communes entre elles et leur fourniront les moyens de connaître tous les mouvements de l'ennemi : les maires recevront avec empressement les corps armés, régulièrement constitués et porteurs d'une commission du général aux ordres duquel ils obéissent ; ils signaleront au commandant, s'il en était besoin, tout acte d'indiscipline ou de violence et feront un rapport qu'ils adresseront à leur Sous-Préfet , mais ils ne négligeront rien pour que, de part et d'autre, il y ait réciprocité de bons procédés ; ils veilleront à ce que la désorganisation ne s'introduise pas dans la garde nationale, et s'entendront avec les commandants, afin qu'armée ou non, elle fonctionne régulièrement ; ils avertiront les réfractaires qu'ils sont justiciables, en raison de l'état de guerre du département, d'une cour martiale.

S'ils manquent d'armes et de munitions, ils me le feront savoir.

Conformément à l'article 77 du Code pénal, qui punit de mort quiconque aura fourni à l'ennemi des secours en argent, vivres et munitions, ils feront arrêter tout voiturier chargé de denrées alimentaires destinées à une localité occupée par l'ennemi ; ils feront conduire le chargement au chef lieu d'arrondissement, où il sera vendu pour le compte de l'E-tat, conformément aux instructions qui régissent la matière.

L'intérêt particulier de chaque localité,

aussi bien que l'intérêt de la défense nationale, exige que les maires ne tolèrent pas plus longtemps que quelques centaines d'ennemis, par petits corps isolés, envahissent les communes et les rançonnent impunément.

Le Gouvernement ne peut instantanément porter une protection efficace en tout lieu : chacun de nous doit se sauvegarder lui-même, en certains cas, et c'est particulièrement à vous, maires élus par vos concitoyens, qu'incombe le devoir de vous concerter avec eux pour la défense de votre territoire.

La Patrie ne vous demande pas de vous masser et d'aller affronter l'ennemi à découvert ; elle attend de vous que trois ou quatre hommes déterminés partent chaque matin de vos communes et s'établissent dans un de ces endroits indiqués par la nature elle-même, et d'où, sans risques, ils pourront tirer sur les Prussiens ; que surtout ils visent les cavaliers, dont ils amèneront les chevaux au chef-lieu d'arrondissement. Je leur ferai donner une prime et je signalerai leur acte de courage dans tous les journaux du département et dans le *Journal officiel.*

Si ces mesures eussent été prises, l'ennemi n'aurait jamais souillé de sa présence la ville de Nuits, les villages de Gevrey, de Fleurey, la vallée de la l'Oze, le Val-Suzon, et tant de villages de la plaine.

Si cette honte et ce préjudice ont été infligés au département, c'est que, parfois, le sentiment du devoir a manqué aux défenseurs naturels du sol envahi, puisqu'ils n'ont pas eu le bon sens et le courage d'aller se porter dans des passages et des positions réputés inexpugnables.

Ne soyez pas, Messieurs, blessés de la franchise de mes paroles, mais unissez-vous à moi dans un désir commun : celui de sauver l'honneur et la fortune de la France, en sauvegardant l'intérêt particulier de chacun de vous. Après avoir eu, entre nous tous, la solidarité dans le malheur et la défense, nous auront bientôt la solidarité dans la reconstitution de ce qui fait la force morale et matérielle des nations, la *Liberté* l'*Egalité* et la *Fraternité.*

Somberson, le 12 novembre 1870.

Le Préfet par intérim,
LUCE VILLIARD.

N° 87.

AUX PRÉFETS

—

Chers collobarateurs,

Aidez-nous à l'œuvre la plus sainte, la plus française ; nous avons en Prusse un nombre immense de nos braves soldats, prisonniers sans avoir été vaincus, livrés, si loin de la patrie, à toutes les privations, à l'affreuse misère. Point de vêtements chauds, point de chaussures dans un climat humide et glacé ; point d'argent, pas d'approvisionnements ; ils endurent dans le désastreux exil tous les tourments, même les tortures de la faim. Dites dans votre département à nos chers concitoyens

que nous les appelons au secours de nos frères, de nos enfants. Que les offrandes se multiplient, que chacun verse son tribut patriotique. Vous, chers compatriotes, que la fortune
a favorisés, quelques dons que vous ayez déjà
prodigués pour nos blessés, pour nos prisonniers, ouvrez encore les trésors de votre bienfaisance, et jetez l'or à pleines mains. Et vous,
chers compatriotes, qui ne pouvez prendre une
modeste offrande que sur votre pénible labeur,
venez aussi déposer votre obole, témoignage
de vos généreux sentiments.

Nous vous prions, chers collaborateurs, de
fonder des comités sur tous les points de votre
département qu'il vous conviendra de choisir ;
adressez-vous aux femmes, toujours prêtes
pour les œuvres de bienfaisance. Que les fonds
soient versés ensuite chez le trésorier-payeur
général, qui nous fera savoir le montant des
sommes reçues par lui et dont nous fixerons
la destination.

Tours, le 27 novembre 1870.

Signé : Ad. Crémieux, L. Gambetta,
Glais-Bizoin, L. Fourichon.

N° 88.

RÉPUBLIQUE FRANÇAISE

SOUS-PRÉFECTURE DE BEAUNE

Tours 2 décembre 1870, 12 h. 55 min. du matin.
Beaune, le 2 décembre, 5 h. 50 min. matin.

Intérieur à Préfet de la Côte-d'Or

La Délégation du Gouvernement a reçu aujourd'hui jeudi, 1er décembre, la nouvelle d'une victoire remportée sous les murs de Paris, pendant les journées des 28, 29 et 30 novembre.

Cette nouvelle aurait été apportée à Tours par le ballon le *Jules Favre*, descendu près de Belle-Ile-en-Mer.

A quatre heures, M. Gambetta, Membre du Gouvernement, s'adressant à la foule réunie dans la cour de la Préfecture, a confirmé en ces termes la grande et heureuse nouvelle :

CHERS CONCITOYENS,

Après 72 jours d'un siége sans exemple dans l'histoire, tout entiers consacrés à organiser les forces de la délivrance, Paris vient de jeter hors de ses murs, pour rompre le cercle de fer qui l'étreint, une nombreuse et vaillante armée, préparée avec prudence par des chefs consommés que rien n'a pu ni ébranler ni émouvoir dans cette laborieuse organisation de la victoire. Cette armée a su attendre l'heure propice, et l'heure est venue.

Excités, encouragés par les fortifiantes nouvelles venues d'Orléans, le Gouvernement avait résolu d'agir, et, tous d'accord, nous attendions depuis quelques jours avec une sainte anxiété, le résultat de nos efforts combinés. C'est le 29 novembre au matin que Paris s'est ébranlé ; une proclamation du général Trochu a appris à la capitale cette résolution suprême, et avant de marcher au combat, il a jeté la responsabilité du sang qui allait couler sur la tête de ce Ministre et de ce Roi, dont la criminelle ambition foule aux pieds la justice et la civilisation moderne.

L'armée de sortie est commandée par le général Ducrot qui, avant de partir, a fait, à la manière antique, le serment solennel de-

vant la ville assiégée et devant la France an-
xieuse, de ne rentrer que mort ou victorieux.

Je vous donne, dans leur laconisme, les
nouvelles apportées par le ballon *Jules Favre,*
un nom de bon augure et cher à la France,
tombé ce matin à Belle-Ile-en-Mer :

Le 29 au matin, la sortie dirigée contre la
ligne d'investissement, a commencé sur la
droite par Choisy, L'haï et Chevilly. Dans la
nuit du 29 au 30, la bataille a persisté sur ces
divers points.

Le Général Ducrot, sur sa gauche, passe la
Marne le 30, au matin ; il occupe successive-
ment Melly et Montmelly, il prononce son
mouvement sur sa gauche, et, adossé à la Marne, se met en bataille de Champigny à Bry ;
l'armée passe alors la Marne sur 8 ponts, elle
couche sur ses positions après avoir pris à
l'ennemi deux pièces de canon.

L'affaire a été rapportée à Paris par le général Trochu ; ce rapport, où on fait l'éloge
de tous, ne passe sous silence que la grande
part du général Trochu à l'action. Ainsi faisait
Turenne.

Il est constant qu'il a rétabli le combat sur plusieurs points en entraînant l'infanterie par sa présence. Durant cette bataille, le périmètre de Paris était couvert par un feu formidable, l'artillerie fouillant toutes les positions de la ligne d'investissement. L'attaque de nos troupes a été soutenue pendant toute l'action par des canonnières lancées sur la Marne et sur la Seine. Le chemin de fer circulaire de M. Dorian, dont on ne saurait trop célébrer le génie militaire, a coopéré à l'action à l'aide de vagons blindés faisant feu sur l'ennemi. Cette même journée du 30, dans l'après-midi, a donné lieu à une pointe vigoureuse de l'amiral La Roncière, toujours dans la direction de L'haï et Chevilly ; il s'est avancé sur Lonjumeau et a enlevé les positions d'Epinay, au-delà de Lonjumeau, positions retranchées des Prussiens, qui nous ont abandonné de nombreux prisonniers, et encore 2 canons.

A l'heure où nous lisons la dépêche de Paris, une action générale doit être engagée sur toute la ligne. L'attaque du Sud du 1er décembre, doit être dirigée par le général Vinoy.

D'aussi considérables résultats n'ont pu être achetés que par de glorieuses pertes : 2,000 blessés, le général Renault et le général La Charrière ont été blessés ; le Général Ducrot s'est couvert de gloire et a mérité la la reconnaissance de la Nation. Les pertes prussiennes sont très considérables. Ces renseignements sont officiels, car ils sont adressés par le chef d'état-major, général Schmitz.

Pour extrait conforme :

LÉON GAMBETTA.

La Génie de la France, un moment voilé, réapparaît, grâce aux efforts du Pays tout entier ; la victoire nous revient, comme pour nous faire oublier la longue série de nos infortunes, elle nous favorise presque sur tous les points ; en effet, notre armée de la Loire a déconcerté depuis trois semaines tous les plans des Prussiens et repoussé toutes leurs attaques ; leur tactique a été impuissante sur la solidité de nos troupes à l'aile droite comme à l'aile gauche. Etrépagny a été enlevé aux Prussiens, et Amiens évacué à la suite de la bataille de Paris ; nos troupes d'Orléans sont vigoureusement lancées en avant, nos deux grandes armées marchent à la rencontre l'une de l'autre ; dans leurs rangs, chaque officier, chaque soldat sait qu'il tient dans ses mains le sort même de la Patrie, cela seul les rend invincibles.

Qui donc douterait désormais de l'issue finale de cette lutte gigantesque ! Les Prussiens peuvent mesurer aujourd'hui la différence qui existe entre un despote qui se bat pour satisfaire ses caprices et un peuple armé qui ne veut pas périr.

Ce sera l'éternel honneur de la République d'avoir rendu à la France le sentiment d'elle-même, et, l'ayant trouvée abaissée, désarmée, trahie, occupée par l'étranger, de lui avoir ramené l'Honneur, la Discipline, les Armes, la Victoire.

L'Envahisseur est maintenant sur la route où l'attend le feu de nos populations soulevées ; voilà, Citoyens, ce que peut une grande Nation qui veut garder intacte la Gloire de son passé, qui ne verse son sang et celui de l'ennemi que pour le triomphe du Droit et de la Justice dans le monde.

La France et l'Univers n'oublieront jamais, que c'est Paris, qui le premier, a donné cet exemple, enseigné cette politique et fondé ainsi sa suprématie morale en restant fidèle à l'héroïque esprit de la Révolution.

Vive Paris! Vive la France!
Vive la République, une et indivisible!

LÉON GAMBETTA.

N° 89.

DÉPÊCHE TÉLÉGRAPHIQUE

4 Décembre 1870, 9 heures du matin.

A GÉNÉRAL BRESSOLES, LYON.

Général Cremer a battu près Châteauneuf une colonne prussienne de 7000 hommes commandée par le général Keller.

400 Prussiens tués ou blessés.

Plus de 100 prisonniers dont 4 officiers.

Un convoi de vivres et des armes pris.

La légion Celler a eu les honneurs de la journée.

L'artillerie a bien débuté.

L'ennemi a été poursuivi jusque près de Sombernon.

Nos pertes sont insignifiantes.

N° 90.

AVIS

Les personnes qui ont des bons de réquisition sont priées de se présenter à la Sous-
Préfecture avec ces bons accompagnés de
deux factures, dont l'une sur timbre.

Les personnes de la campagne porteurs de
ces mêmes bons, auront à les présenter visés
et approuvés par le Maire de leur commune.

Après sérieux examen de ces bons et factures par une commission nommée à cet effet, le
montant sera réglé par cette commission aux
porteurs.

Le Sous-Préfet,

Paul BOUCHARD.

N° 91.

A MES CONCITOYENS !

A MESSIEURS LES MEMBRES DU CONSEIL MUNICIPAL ET AUX COMMUNES DE L'ARRONDISSEMENT !

Quand le 5 septembre dernier, le Conseil municipal de notre ville me fit l'honneur de me confier les fonctions que je viens d'occuper pendant trois mois, je n'acceptai que comme Administrateur essentiellement provisoire ; j'en informai le gouvernement et le lui rappelai toutes les fois que l'occasion m'en fut offerte.

Mon intention formelle ayant donc toujours été de ne pas m'éterniser dans ces fonctions, d'autant plus difficiles pour moi que je les exerçais dans la ville où je suis né, et où moi et les miens avons toujours vécu, je me décidai, le 23 du mois dernier, à envoyer ma démission. C'était le jour de l'assassinat commis à Nuits sur un commissionnaire de M. le notaire Pignolet, de l'arrestation faite par moi-même de M. Lièvre, ex-procureur impérial, de la remise contre mon gré à l'autorité militaire d'un prisonnier badois, et au moment où les Prussiens venant d'abandonner Nuits pour se retirer sur Dijon, paraissaient ne plus devoir menacer notre ville.

Il y a de cela 15 jours, et comme je continuais mes fonctions en attendant que ma démission fût acceptée, survint une mesure administrative qui obligeait la Sous-Préfecture à des rapports avec le Rédacteur du journal la *Revue Bourguignonne*. Ce fut là le terme de mon mandat ; je ne pouvais, dans de telles conditions, continuer à le remplir ; je l'écrivis au Gouvernement et me retirai aussitôt.

Telles sont les explications que j'ai cru de mon devoir de donner à mes Concitoyens, à leurs mandataires et aux communes que j'ai eu l'honneur d'administrer.

Je remercie tous ceux qui ont bien voulu m'aider dans ma tâche, soit en me prêtant leur appui, soit en me favorisant de leurs sympathies. Aussi, à tous ceux-là, l'expression de ma sincère reconnaissance et de mon dévouement le plus entier.

Beaune, le 8 Décembre 1870.

PAUL BOUCHARD.

N° 92.

SOUS-PRÉFECTURE DE BEAUNE

RÉPUBLIQUE FRANÇAISE
LIBERTÉ — ÉGALITÉ — FRATERNITÉ

Citoyens,

J'arrive au milieu de vous au moment même où l'ennemi vient de livrer une lutte sanglante qui l'a forcé à reculer. Nos troupes ont vaillamment fait leur devoir. — Je sais avec quel dévouement, avec quel patriotisme vous faites aussi le vôtre en procurant aux soldats tout le bien-être possible et en donnant tous vos soins aux blessés.

Comptez sur mon concours absolu pour toutes les mesures à prendre en vue de la défense du pays. — Aujourd'hui, tout Français, quel que soit son poste, doit se regarder comme soldat de la République, et faire d'avance le sacrifice non-seulement de sa vie mais de tous les liens qui l'y attachent. — Que le salut du Pays soit notre seule pensée, et ne laissons subsister parmi nous aucun dissentiment, aucun désaccord.

Par notre union complète, désintéressée et invincible, nous chasserons les Prussiens ou nous les exterminerons.

Courage donc, Union et Confiance, et la victoire est à nous.

Vive la France! Vive la République une et indivisible!

Le Sous-Préfet de l'Arrondissement de Beaune,

A. LAMARLE.

Beaune, le 22 décembre 1870.

N° 93.

RÉPUBLIQUE FRANÇAISE

Liberté, Egalité Fraternité.

Aux Habitants de la Côte-d'Or, et particulièrement à ceux de l'Arrondissement de Beaune.

CHERS CONCITOYENS!

Depuis hier au soir, le général de division,

M. de Busserolles, est au milieu de vous ; il porte en lui les qualités de l'homme de guerre et du citoyen ; il exige une obéissance absolue ; mais ses commandements, tant énergiques soient-ils, sont faits avec une si parfaite connaissance des droits respectifs de chacun, que ce serait un crime vis-à-vis de la loi et une faute vis-à-vis des convenances, que de ne pas satisfaire à ses moindres désirs.

Aidons-le de tous nos moyens à chasser l'ennemi ; ne cherchons pas à pénétrer ses vues, ses plans, mais exécutons instantanément ses ordres ; que dans notre Côte-d'Or, qui, depuis l'héroïque défense de son chef-lieu, se débat contre son agresseur et veut rester inviolée, il n'y ait plus aucune distinction entre le soldat et l'habitant ; que sur cette terre qu'on veut vous prendre, il n'y ait plus qu'un peuple indivisible, hommes, femmes et enfants, résolus à combattre solidairement, et au besoin à mourir avec l'armée qui vient à son secours.

Levons-nous tous pour sauver ces biens précieux dont la désignation cette fois n'est plus une vaine formule ; soyons unis ; conservons l'Ordre et la Discipline pour sauver la Liberté, nos familles et nos propriétés, fruit de notre travail et de notre intelligence.

Plus de réquisitions : élan spontané, volontaire.

Que chacun, suivant ses forces et ses facultés, offre à la Patrie en danger tout ce qui peut servir à repousser, à écraser les Allemands.

Que ceux qui peuvent combattre, s'ingénient à inquiéter l'ennemi ; qu'ils s'emparent des vivres dirigés sur la ville de Dijon, devenue, par force, centre de ravitaillement ; qu'ils offrent leurs bras, leurs maisons, leurs champs, pour l'exécution des travaux de défense jugés nécessaires ; que les plus âgés fassent les charrois, montent la garde, surveillent les mouvements de l'ennemi, arrêtent les vagabonds et les espions ; que les femmes préparent le manger, la paille pour le coucher, les matelas et le linge pour les blessés.

Que les enfants recueillent après la bataille les armes, les munitions, les équipements des blessés et des morts. Dites-leur que tout ce qui appartient aux soldats est le bien de la Nation et doit être religieusement déposé dans chaque mairie, puis conduit à la Sous-Préfecture.

Donnez-leur l'exemple des vertus qui font les bons citoyens et sans lesquelles les plus grands peuples ne peuvent vivre. Ils s'en souviendront, devenus hommes et sauront épargner à la France la servitude que nous avons, à notre honte, subie pendant 20 années, et l'effondrement qui en est la conséquence, mais qu'un suprême effort peut encore conjurer.

Nuits, le 23 décembre 1870.

Le Préfet par intérim,
LUCE-VILLIARD.

N° 91.

RÉPUBLIQUE FRANÇAISE

PRÉFECTURE DE LA COTE-D'OR

CHERS CONCITOYENS !

Je suis arrivé avec ces braves soldats que

vous venez d'acclamer comme vos libérateurs, et qui, dès aujourd'hui prenant l'offensive, chasseront de notre chère patrie l'envahisseur et le poursuivront jusque chez lui.

Déjà vous recueillez les fruits de votre courageuse défense ; vous avez été les premiers habitants d'une ville ouverte qui aient résisté à l'Allemand, et le département, suivant votre exemple, a, par sa volonté et son attitude, arrêté pendant deux mois le flot de l'invasion. C'est un honneur et un dévouement dont l'histoire vous tiendra compte.

Continuez votre œuvre, en aidant les troupes et leurs généraux à mettre Dijon à l'abri d'une nouvelle agression ; la défense du département est celle de la France entière, car elle oblige l'ennemi à une diversion qui sera le salut commun.

Mon premier soin a été de rétablir tous les services publics et de donner des ordres pour que, de toutes parts, des approvisionnements fussent dirigés sur le département.

Les fournitures des vivres, des fourrages pour l'armée, les travaux de défense, la confection des équipements militaires vont ranimer les affaires et procurer du travail à une grande partie de la population ; c'est par l'activité et une entente commune que nous réparerons les suites fatales de l'occupation et que nous arriverons à en effacer les traces.

Aidé des conseils de citoyens qui, pendant vos malheurs, se sont dévoués à en alléger le fardeau, je remplirai de mon mieux, mais pour un temps limité, les hautes fonctions que le Gouvernement de la Défense nationale m'a confiées, en me dévouant entièrement à vos intérêts, que je ne séparerai jamais de l'intérêt général.

Dijon, 28 décembre 1870.

Le Préfet par intérim,

LUCE-VILLIARD.

N° 95.

CHERS CONCITOYENS !

Les derniers avis signalent trois colonnes prussiennes opérant dans la direction de Vitteaux et de Saint-Seine-l'Abbaye, sans qu'on puisse se rendre compte de leur destination.

Toutes mesures sont prises pour assurer une résistance efficace dans le cas où ces colonnes se rapprocheraient de la ville et la menaceraient d'une nouvelle occupation.

Dijon, 5 janvier 1871.

Le Préfet de la Côte-d'Or par intérim,

LUCE-VILLIARD.

N° 96.

RÉPUBLIQUE FRANÇAISE

PRÉFECTURE DE LA COTE-D'OR

AVIS

Le fil télégraphique qui met Dijon en rapport avec le quartier général de M. le Général de division Cremer, a été coupé sur différents points entre cette ville et Orgeux.

Toute ligne télégraphique, définitive ou provisoire, est placée sous la sauvegarde et la responsabilité des administrations communales.

Toute détérioration des fils, poteaux et agrès, constitue un crime dont la répression sera immédiatement déférée à la Cour martiale.

Le Préfet par intérim,

LUCE-VILLIARD.

N° 97.

RÉPUBLIQUE FRANÇAISE

DÉPÊCHE TÉLÉGRAPHIQUE

Bordeaux, 3 janvier 1871, 3 heures 45 soir.

Le Ministre de la Guerre aux Généraux commandant les divisions territoriales.

Des hommes isolés ou en groupes, revêtus d'insignes et d'uniformes militaires, quelque-

fois armés, et se disant francs-tireurs ou membres de corps francs, rôdent loin des armées,
dans les villes et les villages, et scandalisent
les populations par leur vagabondage, leur
fainéantise et souvent *leur inconduite*. Résolu
de mettre un terme à cet état de choses, le
Ministre de la guerre prescrit les mesures suivantes :

Tout homme ou tout groupe d'individus,
rencontrés dans ces conditions, auront à jus-
tifier de leur position devant l'autorité militaire ; ceux qui déclareront appartenir à un
corps franc attaché à un corps d'armée, et qui
n'exciperont pas d'un ordre exprès de séjour
émanant de ce corps d'armée, seront immédiatement dirigés sur ce corps pour être tra-
duits devant une Cour martiale ; ceux qui pré-
tendront appartenir à des corps en formation,
et qui ne seront pas sur le lieu de formation
desdits corps, seront, après avoir été dissous,
s'ils sont à l'état de groupe, mis à la disposition de l'autorité militaire et versés dans l'armée, la mobile ou la mobilisée, selon la catégorie que leur assignent leur âge et leur

position. L'exécution des dispositions qui précèdent est mise sous la responsabilité de MM. les Généraux commandant les divisions et subdivisions territoriales.

La présente dépêche sera publiée et recevra son application dans les quarante-huit heures qui suivront sa publication.

Signé : L. GAMBETTA.

Pour copie conforme :

Le Général, PELLISSIER.

En exécution des ordres ci-dessus, le Général commandant supérieur prescrit qu'à partir du 9 janvier courant, tout franc-tireur, éclaireur, etc., militaire, isolé de n'importe quel corps, non muni d'une autorisation de séjour officielle, sera conduit à l'Etat-major de la place pour expliquer sa situation, et être traité ensuite selon les lois et règlements militaires.

Le Commandant de la place est chargé de l'exécution du présent ordre.

Dijon, le 6 janvier 1870.

Le Général,
PELLISSIER.

Nº 08.

Saulieu, 3 janvier 1871, 7 h. soir.

Le Maire de Saulieu à Préfet de Dijon.

Des 4,000 Prussiens entrés à Semur, 2,500 se sont dirigés hier sur Précy et se sont avancés au nombre de 7 à 800 sur Montlay. Un bataillon de francs-tireurs Egalité, avec une compagnie du génie, des chasseurs d'Orient et la garde nationale de Saulieu se sont postés dans les bois entre Montlay et Saulieu ; ils ont campé la nuit. Le matin, l'ennemi s'est porté en avant sur Saulieu et a été mis en déroute après avoir perdu une centaine d'hommes ; de notre côté, aucune perte ; l'ennemi s'est retiré sur Précy, on annonce son retour sur Montlay.

Nº 09.

Beaune, le 3 janvier 1871, 8 h. 45 soir.

Le Sous-Préfet de Beaune à M. le Préfet de Dijon et général, 18ᵉ corps, Auxonne, faire suivre à guerre, Bordeaux.

M. Garibaldi me dit d'Arnay : Nos francs-tireurs ont arrêté une colonne de 300 Prussiens à l'entrée du bois, entre Montlay et Saulieu ; on leur a tué ou blessé une trentaine d'hommes. La nuit passée ont dormi à Vitteaux 3,000 Prussiens venant de Semur. Je ne sais pas encore quelle direction ils ont pris.

N° 100.

Monsieur le Sous-Préfet de Beaune adresse la lettre suivante à ses administrés.

Monsieur le Maire,

Il est essentiel, pour la sécurité de nos troupes et la réussite de leurs opérations, que les mouvements de l'ennemi soient surveillés avec la plus grande vigilance. Le concours dévoué de tous les citoyens est nécessaire pour cela : mais c'est à vous à diriger et coordonner le service des éclaireurs. Veuillez vous entendre avec les maires des communes voisines, pour l'envoi régulier de messagers chargés de porter les nouvelles intéressant la défense.

Je tiens absolument à ce que chaque jour

les renseignements réunis dans le chef-lieu du canton me soient transmis par la voie la plus rapide, aussi longtemps que des éclaireurs ennemis seront signalés à deux jours de marche. — Les maires des chefs-lieux de canton qui n'ont pas de poste télégraphique s'entendront avec les maires des communes qui se trouvent sur le chemin direct du poste télégraphique le plus voisin pour y envoyer le rapport journalier, de la manière la plus rapide et la moins couteuse à chaque commune.

De cette façon, je recevrai chaque jour un rapport sommaire, aussi bref que possible du maire de chaque chef-lieu de canton, même dans le cas où il n'aura rien de nouveau à me signaler. Il est bien entendu qu'il ne me sera envoyé que des renseignements parfaitement certains et précis, c'est-à-dire indiquant autant que possible le nombre des ennemis reconnus, la direction de leur mouvement, les corps auxquels ils appartiennent, et s'ils ont de l'artillerie, le nombre des bouches à feu, etc.

Je suis certain, monsieur le Maire, que vous

mettrez tous vos soins à l'exécution complète de ces instructions, qui n'ont d'autre but que de venir en aide à la défense de notre pauvre France si cruellement châtiée.

Je vous prie en même temps de seconder de tous vos efforts la bonne organisation du service de la garde nationale sédentaire. N'oubliez pas que c'est dans cette institution essentiellement démocratique que la France républicaine doit trouver les éléments de la force et de la prospérité. Ne souffrez pas qu'un seul citoyen se dispense de remplir son devoir vis-à-du pays au moment où tant de Français donnent leur vie pour le salut de tous.

Veuillez agréer, etc.

Le Sous-Préfet de Beaune,

A. LAMARLE.

N° 101.

DÉPÊCHE TÉLÉGRAPHIQUE

Arnay, 11 janvier, 10 heures soir.

Je reçois, par le service de Saulieu, la dépêche suivante :

Les Prussiens ont été chassés des hauteurs qui dominent Semur et les environs par Ricciotti Garibaldi et se dirigent sur Montbard. Une concentration de troupes françaises assez considérable, a lieu de ce côté. Le fil télégraphique va être rétabli entre Saulieu et Dijon.

Pour copie conforme :

Le Sous-Préfet de Beaune,

Signé : LAMARLE.

Nº 102.

RÉPUBLIQUE FRANÇAISE

PRÉFECTURE DE LA COTE-D'OR

Monsieur le Maire,

J'ai l'honneur de vous adresser communication de l'arrêté suivant, dont je confie l'exécution à votre patriotisme et à votre diligence :

Nous, Préfet de la Côte-d'Or,

Considérant que dans les circonstances actuelles, il importe que toutes les gardes nationales sédentaires du département de la Côte-d'Or concourent à la défense du pays;

Que pour rendre ce concours efficace, il faut organiser immédiatement un service permanent qui puisse en tout temps, et d'une façon précise, renseigner les généraux français sur les mouvements de l'ennemi,

ARRÊTONS :

Il est établi à la Mairie de chaque commune

du département un poste permanent de gardes nationaux sédentaires qui sera composé de :

3 hommes dans les com^{nes} de moins de 100 h.

4	»	»	100 à 200	»
5	»	»	200 à 400	»
6	»	»	400 à 1,000	»
10	»	»	1,000 à 2,000	»
15	»	au-dessus de 2,000	»

Fait à Dijon, le 11 janvier 1871.

Le Préfet par intérim,

LUCE VILLIARD.

N° 103.

ARRÊTÉ.

—

Nous, préfet de la Côte-d'Or,

Vu la décision de M. le Ministre de l'Intérieur et de la guerre, en date du 14 présent mois, relative aux compagnies de francs-tireurs,

ARRÊTONS :

Art. 1er. — Il ne sera plus formé, dans le

département de la Côte-d'Or, de compagnies de francs-tireurs, à dater de ce jour.

Art. 2. — Les volontaires, faisant partie de corps en voie de formation, dont la constitution ne serait pas assez avancée pour qu'ils puissent être mis, dans un délai prochain, à la disposition de l'autorité militaire, seront licenciés ou versés dans l'armée active ou l'armée auxiliaire.

Fait à Dijon, le 11 janvier 1871.

Le Préfet de la Côte-d'Or,

LUCE-VILLIARD.

N° 104.

PROTESTATION

DU GOUVERNEMENT DE PARIS,

à propos du bombardement de la capitale.

Intérieur et Guerre à Préfets.

Nous dénonçons aux cabinets européens, à l'opinion publique du monde, le traitement que l'armée prussienne ne craint pas d'infliger à la ville de Paris.

Voici quatre mois bientôt qu'elle investit cette grande capitale et tient captifs ses *deux millions quatre cent mille* habitants. Elle s'était flattée de les réduire en quelques jours, et comptait sur la sédition et la défaillance; ces auxiliaires faisant défaut, elle a appelé la famine à son aide. Ayant surpris l'assiégée, privée d'armée de secours et même de gardes nationales organisées, elle a pu l'entourer à son aise de travaux formidables hérissés de batteries qui lancent la mort à huit kilomètres.

Retranchée derrière ce rempart, l'armée prussienne a repoussé les offensives de la garnison, puis elle a commencé à bombarder quelques-uns des forts. Paris est resté ferme; alors, sans avertissement préalable, l'armée prussienne a dirigé contre la ville des projectiles énormes, dont ces redoutables engins lui permettent de l'accabler à deux lieues de distance. Depuis quatre jours, cette violence est en cours d'exécution. La nuit dernière, plus de 2,000 bombes ont accablé les quartiers de Montrouge, de Grenelle, d'Auteuil, de Passy, de Saint-Jacques et de Saint-Germain ; il semble qu'elles aient été dirigées à plaisir sur les hôpitaux, les ambulances, les prisons, les écoles et les églises.

Des enfants et des femmes ont été broyés dans leur lit. Au Val-de-Grâce, un malade a a été tué sur le coup. Plusieurs autres ont été blessés. Ces victimes inoffensives sont nombreuses, et nul moyen ne leur a été donné de se garantir contre cette agression inattendue. Les lois de la morale la condamnent hautement. Elles qualifient justement de crime la mort donnée hors des nécessités cruelles de la guerre. Or, ces nécessités n'ont jamais excusé le bombardement des édifices privés, le massacre des citoyens paisibles et la destruction des retraites hospitalières.

La souffrance et la faiblesse ont toujours trouvé grâce devant la force; quand elles ne l'ont pas désarmée, elles l'ont déshonorée. Les règles militaires sont conformes à ces grands principes d'humanité.

Il est d'usage, dit l'auteur le plus accrédité en pareille matière, que l'assiégeant annonce, lorsque cela lui est possible, son intention de bombarder la place, afin que les non-combattants, et spécialement les femmes et les enfants, puissent s'éloigner et pourvoir à leur sûreté. Il peut cependant être nécessaire de surprendre l'ennemi afin d'enlever hardiment la position, et dans ce cas, la non-dénonciation du bombardement ne constituera pas une violation des lois de la guerre.

Le commentateur de ce texte ajoute :

Cet usage se rattache aux lois de la guerre qui est une lutte entre deux Etats et non entre des particuliers. User d'autant de ménagements que possible envers ces derniers, tel est le caractère distinctif de la guerre civilisée. Aussi, pour protéger les grands centres de population contre les dangers de la guerre, on les déclare le plus souvent ville ouverte, même, s'il s'agit de places fortes, l'humanité exige que les habitants soient prévenus du moment de l'ouverture du feu, toutes les fois que les opérations militaires le permettent. Ici, le doute n'est pas possible.

Le bombardement infligé à Paris n'est pas le préliminaire d'une action, il est une action militaire. Il est une dévastation froidement préméditée, systématiquement accomplie et n'ayant d'autre but que de jeter l'épouvante dans la population civile, au moyen de l'incendie et du meurtre. C'est à la Prusse qu'était réservée cette inqualifiable entreprise sur la capitale qui lui a tant de fois ouvert ses murs hospitaliers. Le gouvernement de la défense nationale proteste hautement en face du monde civilisé contre cet acte d'inutile barbarie et s'associe de cœur au sentiment de la population indignée qui, loin de se laisser abattre par cette violence, y puise une nouvelle force pour combattre et repousser la honte de l'invasion étrangère.

Signé : Général Trochu, J. Favre, Emmanuel Arago, Ernest Picard, Jules Ferry, Garnier-Pagès, Jules Simon, Eugène Pelletan.

Les membres de la délégation du Gouvernement de la défense nationale établis à Bordeaux déclarent s'associer à la protestation solennelle contre le bombardement de Paris, signée par leurs collègues.

Léon GAMBETTA, Ad. CRÉMIEUX, GLAIS-BIZOIN, L. FOURICHON.

Pour copie conforme :

Le préfet de la Côte-d'Or,

Signé : LUCE-VILLIARD.

N° 105.

RÉPUBLIQUE FRANÇAISE

SOUS-PRÉFECTURE DE BEAUNE

GARDE NATIONALE MOBILISÉE.

ARRÊTÉ

Le Sous-Préfet de l'arrondissement de Beaune,

Vu le décret du 7 novembre 1870, formant

un premier ban des citoyens mobilisés célibataires et veufs sans enfants de 21 à 40 ans;

Vu l'article 4 de ce décret, ainsi conçu :

« Un conseil de révision composé, au cheflieu de chaque arrondissement, du Sous-Préfet, d'un lieutenant de gendarmerie et d'un membre du Conseil municipal, statuera souverainement à mesure des appels successifs, sur les réclamations formées pour infirmités, après avoir pris l'avis d'un médecin étranger à l'arrondissement, et entendu le médecin de l'appelé, si l'appelé le réclame ; »

Vu le décret du 22 novembre 1870, et notamment l'article 3, qui annule toutes exemptions antérieurement accordées, même pour infirmités, par les Conseils de révision qui ont statué avant le 2 novembre, et déclare leurs décisions non-avenues;

Conformément aux instructions de M. le le Préfet de la Côte-d'Or, en date du 12 janvier 1871 ;

ARRÊTE ;

Art. 1er. — Un Conseil de révision, composé comme il est dit ci-dessus, se réunira à Beaune, les jeudi 19 et vendredi 20 janvier 1871, pour examiner les célibataires et veufs sans enfants, de 21 à 40 ans, ayant des exemptions à faire valoir pour infirmités.

Art. 2. — Les séances auront lieu dans l'ordre suivant :

Jeudi, 19, à 9 heures du matin, les deux cantons de Beaune ; le même jour, à deux heures après midi, les cantons de Bligny-sur-Ouche, Seurre et Saint-Jean-de-Losne.

Vendredi, 20, à 9 heures du matin, les cantons de Nuits et Nolay ; le même jour, à deux heures après-midi, les cantons d'Arnay-le-Duc, Pouilly-en-Auxois et Liernais.

Art. 3. — Sont appelés tous les célibataires et veufs sans enfants qui auront, au jour de la révision, atteint leurs 21 ans accomplis et moins de 40 ans. Ils ne seront pas convoqués et la publication du présent arrêté tiendra lieu de tout avis.

Art. 4. — Les appelés qui ne se présenteront pas devant le Conseil de révision seront considérés comme étant propres au service.

Art. 5. — Ceux qui seront reconnus bons et qui n'ont pas encore servi, devront être rendus à Auxonne au plus tard le 26 janvier.

Art. 6. — Ceux qui, ayant déjà servi, seront reconnus propres au service, se réuniront à Beaune le lundi 23, pour être dirigés ensemble sur Dijon.

Art. 7. — MM. les Maires sont chargés, chacun en ce qui le concerne, de l'exécution du présent arrêté, qui sera publié et affiché sans délai.

Fait à Beaune, le 11 janvier 1871.

Le Sous-Préfet de Beaune,

A. LAMARLE.

N° 106.

RECRUTEMENT DE L'ARMÉE

Levée de la classe de 1871

Nous, Maire de la ville de Beaune,

Vu la loi du 21 mars 1832 sur le recrutement de l'armée et celle du 1er février 1868 sur l'organisation de la garde nationale mobile :

Vu la loi du 10 août 1870 sur l'augmentation des forces militaires pendant la durée de la guerre ;

Vu le décret du gouvernement de la défense nationale en date du 3 janvier courant ainsi conçu :

Art. 1er. L'appel de la classe de 1871 pourra avoir lieu immédiatement après la promulgation du présent décret.

Art. 2. Les tableaux de recensement seront publiés et affichés, conformément aux dispositions de l'article 8 de la loi du 21 mars 1832, les dimanches 15 et 22 janvier 1871.

Art 3. Les jeunes gens appartenant aux départements envahis par l'ennemi pourront se faire inscrire sur les tableaux de recensement dans les départements non envahis. Ils ne seront tenus à aucune justification de domicile dans le canton où ils demanderaient leur inscription.

Art. 4. Le contingent se composera de tous les jeunes gens figurant sur le tableau de recensement qui auront été reconnus propres au service.

Il n'y aura pas de tirage au sort.

Art. 5. Sont seuls maintenus les cas d'exemption prévus par les paragraphes numériques 1º et 2º de l'article 14 de la loi du 21 mars 1832 (1).

ARRÊTONS :

Art. 1er. Il est expressément enjoint à tous les jeunes gens domiciliés à Beaune, nés depuis le 1er janvier 1851 jusques et y compris le 31 décembre de la même année de venir se

---

(1) 1º Ceux qui seraient déjà liés au service, dans les armées de terre ou de mer en vertu d'un engagement volontaire, d'un brevet ou d'une commission, sous la condition qu'ils seront, dans tous les cas, tenus d'accomplir le temps de service prescrit par la présente loi ;

2º Les jeunes marins portés sur les registres matricules de l'inscription maritime, conformément aux règles prescrites par les articles 1, 2, 3, 4, 5, de la loi du 25 octobre 1795 (3 brumaire an 4) et les charpentiers de navire, perceurs, voiliers et calfats immatriculés, conformément à l'article 44 de ladite loi.

faire inscrire de suite au bureau militaire de la mairie sur le tableau de recensement.

Art. 2. Il est également enjoint à ceux qui seraient nés dans une autre commune, mais dont les père et mère sont domiciliés à Beaune, de venir aussi se faire inscrire.

Art. 3. Les jeunes gens appartenant aux départements envahis par l'ennemi et se trouvant à Beaune pourront également se faire inscrire sur ce tableau.

Art. 4. Il est pareillement enjoint aux pères mères, tuteurs et curateurs de venir faire inscrire sur le même tableau leurs enfants et pupilles absents de la commune.

Fait à Beaune, le 18 janvier 1871.

Le Maire,

A. DUPONT Aîné.

N° 107.

AVIS IMPORTANT

Tous les cordonniers du département de la Côte-d'Or sont instamment priés de mettre à la disposition de l'Etat les souliers ouverts et les souliers lacés (forme brodequin), en bon cuir et solidement établis, qu'ils ont en magasin ou qu'ils pourraient livrer à bref délai.

Les plus petites quantités, même une paire seule, seront acceptées.

Les prix seront ceux des intendances.

En outre, tous les fabricants d'objets tels que bretelles de fusils, brides, selles, harnais, etc,, sont invités à en présenter des échantillons.

Seront également reçus les échantillons pour la fourniture de *dix mille havre-sacs.*

Tous ces objets devront être déposés à l'intendance de la Préfecture de la·Côte-d'Or, salle des adjudications.

Dijon, le 19 janvier 1871.

Le *Préfet de la Côte-d'Or par intérim,*
LUCE-VILLIARD.

N° 108.

SOUS-PRÉFECTURE DE BEAUNE.

—

Le Sous-Préfet de Beaune fait appel à la bonne volonté de tous les Citoyens aptes à faire le service de la batterie d'artillerie, principalement à ceux qui ont servi dans l'artillerie ou la cavalerie.

Ils sont priés de se faire inscrire dans les bureaux de la Sous-Préfecture le plus promptement possible.

Beaune, le 20 janvier 1871.

Le Sous Préfet de Beaune :

A. LAMARLE.

N° 109.

DÉPÊCHE TÉLÉGRAPHIQUE

—

Intérieur à Préfets, Sous-Préfets, Généraux de divisions et subdivisions.

Dijon, le 21 janvier, 7 h. soir.

Dijon attaqué à midi par Prussiens ; bataille acharnée entre Talant, Daix jusqu'à 6 h. soir.

Position gardée de part et d'autre.

Nous préparons pour demain la bataille dans les meilleures conditions.

Si ne pouvez venir, aidez-nous en inquiétant ennemi sur ses derrières.

Nos troupes couchent sur champ de bataille.

N° 110.

DÉPÊCHE TÉLÉGRAPHIQUE

Dijon. 23 janvier, 5 h. 15 soir.

Préfet Côte-d'Or à Sous-Préfet de Beaune.

A partir 7 heures matin, malgré brouillard très-intense, fusillade très-vive sur tous les points à Fontaines, Daix, Changey, Talant, Hauteville, carrières Chaumont.

A 9 heures, canonnade très-soutenue sur mêmes points.

Engagement continué jusqu'à 3 heures et demie. A ce moment, après plusieurs de leurs pièces démontées, Prussiens ont reculé, et à 4 heures, avaient entièrement disparu sur Darois.

Garibaldiens et Mobilisés ont rivalisé d'ardeur.

Effets terribles de notre artillerie.

Garibaldi est rentré dans Dijon aux acclamations d'une foule immense portée à sa rencontre.

Un acte de cruauté inouïe, commis à Hauteville sur une de nos ambulances, a soulevé l'indignation générale.

Neuf médecins et infirmiers massacrés malgrés tous leurs insignes.

Enquête ouverte à ce sujet.

N° 111.

DÉPÊCHE TÉLÉGRAPHIQUE

Dijon, 23 janvier, 7 h. 20 soir.

Après plusieurs attaques sur points divers, l'ennemi est arrivé en force à la bifurcation des routes Langres et Is-sur-Tille.

La lutte soutenue par Ricciotti et Garibaldi, a duré plus de 6 heures ; ennemi en fuite sur Messigny, Savigny-le-Sec et Norges.

Drapeau du 61e régiment Roi-Guillaume pris par brigade Ricciotti.

La nuit ne permet pas d'apprécier nos pertes ni celles de l'ennemi.

Tous les corps engagés, Italiens et Français commandés par généraux Garibaldi et Pélissier ont fait leur devoir.

N° 112.

RÉPUBLIQUE FRANÇAISE

Liberté, Egalité, Fraternité.

COMMANDEMENT GÉNÉRAL
DE L'ARMÉE DES VOSGES.

ORDRE DU JOUR
du général Garibaldi.

Dijon, 23 janvier 1871.

AUX BRAVES DE L'ARMÉE DES VOSGES !

Eh bien ! vous les avez revus les talons des terribles soldats de Guillaume, jeunes fils de la Liberté !

Dans deux jours de combats acharnés, vous avez écrit une page glorieuse pour les annales de la République, et les opprimés de la grande famille humaine salueront en vous, encore une fois, les nobles champions du droit et de la justice.

Vous avez vaincu les troupes les plus aguerries du monde, et cependant vous n'avez pas exactement rempli les règles qui donnent l'avantage dans la bataille.

Les nouvelles armes de précision exigent une tactique plus rigoureuse dans les lignes de tirailleurs ; vous vous massez trop, vous ne profitez pas assez des accidents de terrain, et vous ne conservez pas le sang-froid indispensable en présence de l'ennemi, de manière que vous faites toujours peu de prisonniers; vous avez beaucoup de blessés, et l'ennemi, plus astucieux que vous, maintient, malgré votre bravoure, une supériorité qu'il ne devrait pas avoir.

La conduite des officiers envers les soldats laisse beaucoup à désirer ; à quelques exceptions près, les officiers ne s'occupent pas assez de l'instruction des miliciens, de leur propreté, de la bonne tenue de leurs armes, et enfin de leurs procédés envers les habitants qui sont bons pour nous et que nous devons considérer comme des frères.

Enfin, soyez diligents et affectueux entre vous, comme vous êtes braves; acquérez l'amour des populations dont vous êtes les défenseurs et les soutiens, et bientôt nous secouerons, jusqu'à l'anéantir, le trône sanglant et vermoulu du despotisme; et nous fonderons sur le sol hospitalier de notre belle France, le pacte sacré de la fraternité des nations.

G. GARIBALDI.

Le général, chef d'état-major général,

BORDONE.

N° 113.

RÉPUBLIQUE FRANÇAISE

ARRÊTÉ DE POLICE.

Nous, maire de la ville de Beaune,
Vu les lois des 14 décembre 1789, 16-24 août 1790, 19-23 juillet 1791 et 18 juillet 1837 ;

Vu l'article 471 du Code pénal ;

Considérant que des plaintes ont été portées contre l'usage non réglementé des armes à feu, d'où peuvent résulter de sérieux accidents ;

Arrêtons :

Art. 1er. — Il est expressément défendu de tirer des coups de fusil, pistolet, ou de faire partir des pièces d'artifice, quelles qu'elles soient, dans la ville, les faubourgs ou les hameaux.

Art. 2. — Tout établissement de tir sur le territoire de la commune, sera soumis à une autorisation de l'administration municipale, et réglementé par elle.

Art, 3. — Les contraventions constatées seront poursuivies par le tribunal de simple police, sans préjudice de peines plus graves pour le cas où ces contraventions auraient occasionné des accidents.

Art. 4. — M. le commissaire de police est chargé de l'exécution du présent arrêté.

Beaune, le 20 janvier 1871,

Le Maire, A. DUPONT aîné.

N° 114.

RÉPUBLIQUE FRANÇAISE

Le Général Pélissier aux officiers et soldats composant la Garde nationale mobilisée de Saône-et-Loire, du Jura, de l'Ain et de la Haute-Saône.

OFFICIERS ET SOLDATS,

Je suis heureux de porter à votre connaissance la dépêche suivante que m'adresse le Gouvernement de Bordeaux :

« On m'annonce que les mobilisés que vous commandez se sont brillamment conduits. Je vous félicite et je vous prie de féliciter vos troupes de la part du Gouvernement. Proposez des récompenses pour ceux que vous en jugerez dignes.

Je m'associe du fond du cœur aux éloges qui vous sont donnés. Vous avez dépassé mon attente. Vous avez lutté bravement pendant trois journées consécutives, la nuit même n'a pas toujours suspendu le combat. Vous avez gardé ou repris toutes les positions qui vous avaient été assignées. Suppléant par votre bravoure à tout ce qui vous manque encore en armes, en vêtements, en équipements, vous avez résisté avec succès à l'une des armées les mieux organisées de l'Europe, et montré à l'ennemi que dans le danger du pays tout Français peut s'improviser soldat.

OFFICIERS ET SOLDATS,

Tout le monde a bien fait son devoir ; ceux même qui n'ont pas été mêlés à la lutte ont prouvé par leur attitude et par leur courage à supporter les fatigues de marches et de veilles multipliées qu'ils étaient dignes de prendre part au combat.

21 Janvier 1871.

PELLISSIER.

N° 115.

DÉPÈCHE TÉLÉGRAPHIQUE

Dijon, 23 janvier, 7 h. 22 soir.

La journée s'est passée sans combat, mais nous nous tenons toujours prêts à recevoir l'ennemi.

Pour copie conforme :

Le Sous-Préfet,

A. LAMARLE.

N° 116.

RÉPUBLIQUE FRANÇAISE

PRÉFECTURE DE LA COTE-D'OR

Nous, préfet de la Côte-d'Or,

Vu l'arrêté pris par M. l'administrateur titulaire du département de la Côte-d'Or au mois d'octobre dernier ;

Considérant que les travaux de la vigne ne sauraient être plus longtemps suspendus, sans qu'il en résultât un préjudice considérable pour les propriétaires et les vignerons ;

Que le non-déséchalassement des vignes s'oppose à la reprise de ces travaux ;

ARRÊTONS :

Le déséchalassement des vignes est autorisé dans tout le département de la Côte-d'Or, à dater de ce jour.

Fait à Dijon, le 24 janvier 1871.

N° 117.

RÉPUBLIQUE FRANÇAISE

PRÉFECTURE DE LA COTE-D'OR

AVIS

Instruction et formation des cadres de la 1re Légion des mobilisés de la Côte-d'Or, à Auxonne.

Infanterie — Artillerie — Génie — Intendance — Ambulance

Les anciens militaires qui voudraient contracter du service dans la 1re légion des gardes nationaux mobilisés de la Côte-d'Or, en formation à Auxonne, et ceux qui désireraient seulement se proposer comme instructeurs et pour un temps limité, sont priés de se présenter immédiatement à la Préfecture de la Côte-d'Or (bureau de la guerre) et d'y produire leurs états de services.

Les instructeurs recevront une rébribution journalière.

Dijon, 21 janvier 1871.

Le Préfet de la Côte-d'Or par intérim,
LUCE-VILLIARD.

N° 118.

RÉPUBLIQUE FRANÇAISE

PRÉFECTURE DE LA COTE-D'OR

ARRÊTÉ

Nous, Préfet par intérim du département de la Côte-d'Or,

Enjoignons à tous les citoyens qui se trouvent détenteurs d'armes ou d'objets d'équipement provenant de l'armée française, soit régulière, soit auxiliaire, d'en faire immédiatement le dépôt à la Mairie de leur commune.

Ces armes ou objets d'équipement seront adressés à la Préfecture de la Côte-d'Or par les soins de MM. les Maires.

Fait à Dijon, le 24 janvier 1871,

Le Préfet par intérim,

LUCE-VILLIARD.

Nº 119.

ORDRE DU JOUR
du général Garibaldi
AUX BRAVES DE L'ARMÉE DES VOSGES.

Dijon, 26 janvier 1871.

La Pologne, la terre de l'héroïsme et du martyre, vient de perdre un de ses plus braves enfants, le général Bosak.

Ce chef de notre première brigade de l'armée des Vosges, a voulu, par lui-même, s'assurer de l'approche de l'ennemi vers le Val-de-Suzon, dans la journée du 21 courant, et lancé avec une douzaine de ses officiers et militaires, de ce côté, il a voulu, bravoure inouïe, arrêter une armée avec une poignée de braves.

Ce Léonidas des temps modernes, si bon, si aimé de tous, manquera à l'avenir de la démocratie mondiale, dont il était un des plus ardents champions, et il manquera surtout à sa noble patrie !

Que la République adopte la veuve et les enfants de ce héros.

Il y a longtemps que le bruit des crimes horribles commis par les Prussiens m'importunait et je croyais toujours, en le désirant, qu'il y avait de l'exagération dans ces bruits.

Dans les trois combats de ces derniers jours, où la victoire a souri à nos armes, la réalité des abominables méfaits de nos ennemis s'est montrée dans toute sa brutale et féroce évidence.

Quelques-uns de nos blessés, tombés dans leurs mains pendant la lutte, ont eu leur crâne broyé à coups de crosse de fusils.

Nos chirurgiens restés, selon leur habitude, sur le champ de bataille pour soigner nos blessés ainsi que ceux de l'ennemi, ont été assassinés d'une façon horrible. Miliciens, hommes des ambulances et chirurgiens, ont servi de cible à ces barbares et féroces soldats.

Un capitaine de nos francs-tireurs, trouvé blessé dans le château de Pouilly, a été lié aux'pieds et aux mains et brûlé vif. Le cadavre de ce martyr a été trouvé presque entièrement dévoré par les flammes, excepté à l'endroit des ligatures.

Eh bien! noirs instruments de toutes les tyrannies, votre règne arrive, le règne des bûchers; votre période chérie, le moyen-âge reparaît; et votre héros de Sedan tombé, le sourire de Satan aux lèvres, vous tournez vos yeux de vipère vers le nouvel empereur souillé de sang et de carnage.

L'indignation des preux miliciens de la République est au comble; je ferai mon possible pour les empêcher d'user de représailles; mais j'espère que l'Europe et le monde entier sauront distinguer et apprécier la conduite loyale et généreuse des enfants de la République, et flétrir les féroces procédés des soldats d'un despote.

G. GARIBALDI.

Le général, chef d'état-major général,

BORDONE.

N° 120.

RÉPUBLIQUE FRANÇAISE

SOUS-PRÉFECTURE DE BEAUNE

DÉPÊCHE TÉLÉGRAPHIQUE

Bordeaux, 29 janvier 1871, 12 heures 30 soir.

Délégation du Gouvernement à Préfets et Sous-Préfets.

La délégation du gouvernement établie à Bordeaux qui n'avait jusqu'ici sur les négociations entamées à Versailles que des renseignements fournis par la presse étrangère, a reçu cette nuit le télégramme suivant, qu'elle porte à la connaissance du pays dans sa teneur intégrale :

DÉPÊCHE TÉLÉGRAPHIQUE

Versailles, le 28 janvier 1871, 11 h. 15. m. soir.

M. Jules Favre, ministre des affaires étrangères, à la Délégation de Bordeaux (recommandée).

Nous signons aujourd'hui un traité avec M.

le comte de Bismark. Un armistice de 21 jours est convenu. Une assemblée est convoquée à Bordeaux pour le 15 février.

Faites connaître cette nouvelle à toute la France. Faites exécuter l'armistice et convoquez les électeurs pour le 8 février.

Un membre du Gouvernement va partir pour Bordeaux.

Signé : JULES FAVRE.

Un décret, qui sera ultérieurement publié, fera connaître les mesures prises pour assurer l'exécution des dispositions ci-dessus.

Pour copie conforme :

Le Préfet de la Côte-d'Or par intérim,
LUCE-VILLIARD.

Nº 121.

RÉPUBLIQUE FRANÇAISE
Liberté — Égalité — Fraternité

Commandement Général de l'armée des Vosges

ORDRE DU JOUR
DU GÉNÉRAL GARIBALDI

AUX BRAVES DE L'ARMÉE DES VOSGES

Vous avez 21 jours d'armistice, et comme votre noble mission n'est point .finie, pour la remplir jusqu'à la fin, vous devez profiter du temps et vous instruire.

Vous êtes braves; vous l'avez prouvé sur les champs de bataille. Il faut, dans ce temps d'arrêt, vous préparer par de laborieux exercices et une discipline inspirée par votre caractère sacré de miliciens de la République, à chasser du sol de la France les soldats du despote qui l'opprime.

Dijon, 28 janvier 1871.

Signé : G. GARIBALDI.

N° 122.

Bordeaux, le 30 janvier 1871, 3 h. 53 m.

Intérieur à Préfets et Sous-Préfets, Généraux de divisions et subdivisions.

CIRCULAIRE

Depuis la dépêche qui vous a été envoyée dans l'après-midi et par laquelle on demandait à Versailles des renseignements prompts et précis sur la nature, l'étendue et la portée des arrangements conclus, aucune nouvelle officielle n'a été reçue ; on ne sait rien de plus que ce matin ; toutefois, les avis de l'étranger portent qu'à Versailles on n'a rien engagé sur le fond même de la paix. L'occupation des forts de Paris par les Prussiens semble indiquer que la capitale a été rendue en tant que place forte. L'armée et la garde mobile devront déposer leurs armes ; la garde nationale sédentaire conserve les siennes. La convention qui qui est intervenue porte exclusivement sur l'armistice qui semble avoir surtout pour objet la formation et la convocation d'une assemblée. La politique, soutenue et pratiquée par le ministre de l'intérieur et de la guerre, est toujours la même. Guerre à outrance, résistance jusqu'à complet épuisement. Employez donc toute votre énergie à maintenir le moral des populations. Le temps de l'armistice va être mis à profit pour renforcer nos trois armées en hommes, en munitions, en vivres. Les troupes seront astreintes à une discipline sévère, à laquelle il faudra donner tous vos soins de concert avec les chefs militaires. Elles devront être exercées tous les jours pendant de longues heures pour l'acquérir. Les conseils de révision devront continuer, et tout le travail d'organisation, d'équipement, bien loin d'être interrompu, devra être poursuivi avec une extrême vigueur.

Il faut à tout prix que l'armistice nous profite et nous pouvons faire qu'il en soit ainsi. Enfin il n'est pas jusqu'aux élections qui ne puissent et doivent être mises à profit. Ce qu'il faut à la France, c'est une assemblée qui veuille la guerre et soit décidée à tout pour la faire. Le membre du gouvernement qui est attendu arrivera sans doute demain matin ; le ministre s'est fixé un délai qui expire demain à 3 heures.

Vous recevrez demain une proclamation aux citoyens avec l'ensemble des décrets et des mesures, qui, dans sa pensée, doivent parer, aux nécessités de la situation actuelle. Donc patience, fermeté, courage, union et discipline.

Vive la République !

Pour copie conforme :

Le Sous-Préfet de Beaune,

Signé : A. LAMARLE.

N° 123.

RÉPUBLIQUE FRANÇAISE

Liberté, Egalité Fraternité.

Commandement Général de l'armée des Vosges

AUX HABITANTS DE LA CÔTE-D'OR !

Appelé par le Gouvernement de la République à la défense de votre beau pays, j'invoque votre coopération.

Croyez-vous que ce que nous faisons étant dix, nous ne le ferons pas mieux étant cent ?

Croyez-vous que chassant l'ennemi d'ici à vingt jours, vous ne souffrirez pas moins qu'en le chassant dans vingt mois ?

Il est inutile d'y penser si vous prêtez confiance aux paroles du prêtre qui n'a point de patrie et qui fait aujourd'hui la cour à Guillaume, le nouveau chef du Saint-Empire, chef de la vieille rubrique : *Trône et Autel*, c'est-à-dire chef des imposteurs et des brigands.

Inutile aussi d'écouter ces riches et ces puissants dont la majeure partie, énervés par vingt années de sybaritisme et habitués à vivre dans le luxe et la débauche, ont peur de voir leurs châteaux ruinés et leur cantine mise à sec par les insatiables soldats du Nord: Inutile !!!

La France ne pliera pas le genou devant l'étranger, surtout quand cet étranger ravage, désole et souille le sol de la Patrie, quand les soldats du despotisme détruisent vos récoltes et votre bétail, brûlent vos villages, souillent votre foyer domestique et violent vos femmes et vos filles.

Il est inutile d'y penser et de se laisser bercer par les espérances d'une paix qui ne serait qu'un esclavage déguisé ; la paix comme la veut Bismark, c'est-à-dire avec la France à genoux, la France transformée en province du Saint-Empire d'Allemagne, ne se fera pas, et celui qui la conseillerait, vouerait son nom à l'exécration de la postérité. Celui qui la conseillerait, cette paix infamante, serait déchiré comme sont déchirés par les chiens et les vautours, les cadavres dont Guillaume se plait à couvrir le sol de la France.

La Côte-d'Or, qu'on nomme à juste titre la Côte de fer, doit donner l'exemple aux populations sœurs de la France, et leur prouver que les envahisseurs ne dévastent que les pays dont les populations n'ont pas le courage de résister et de les chasser.

Vous m'avez honoré de votre confiance, et je compte sur vous comme sur l'acier des armes de nos braves.

G. GARIBALDI.

Le Général, chef d'état-major général,
BORDONE.

N° 124.

RÉPUBLIQUE FRANÇAISE

Liberté, — Egalité, — Fraternité.

Citoyens,

S'il faut en croire la presse étrangère, un nouveau désastre vient de nous frapper. Les Prussiens occupent les forts de Paris ! Du même coup nous perdons une armée de trois cent mille hommes et nous allons avoir à combattre une armée de plus. Courage donc ! Raidissons-nous devant l'immensité de notre tâche.

La France ne peut pas périr, mais elle peut encore moins se déshonorer ! Ce n'est pas pour livrer à la Prusse une partie de son territoire qu'elle a lutté pendant six mois. Ce n'est pas pour subir le joug humiliant de Guillaume-le-Sanguinaire qu'elle a transformé tous ses enfants en soldats, travaillant nuit et jour à forger des armes.

Redoublons d'efforts ! que cet armistice de

21 jours soit employé tout entier à fabriquer de nouveaux engins de destruction, à exercer de nouveaux bras, à fortifier partout la résistance. Ce n'est pas la paix qu'il faut préparer, c'est la guerre à outrance sans trève ni merci ! Prenons les armes, tous sans exception, et que les Allemands ne puissent plus faire un pas sans rencontrer un ennemi debout pour les frapper !

Républicains, nous devons sauver la France ou mourir !

Aux armes ! serrons-nous tous autour du drapeau tricolore ! Aux armes !

Vive la France ! Vive la République une et indivisible !

Le Sous-Préfet de Beaune,

A. LAMARLE.

Nº 125.

MILICIENS DE L'ARMÉE DES VOSGES,

Une nouvelle douloureuse est venue nous surprendre au moment où par de nouveaux succès vous veniez encore, dans la journée d'hier, de faire sentir à nos ennemis le poids de nos armes.

Par ma douleur et mon désappointement, je juge ce que vous éprouvez vous-mêmes. Non, il n'est pas possible qu'à la faveur de cet armistice une paix déshonorante soit impliquée à la France ; ainsi je vous recommande à tous de mettre à profit cette suspension de 21 jours dans les fatigues et les combats, dans les champs de bataille.

J'ordonne que chaque jour de nombreux appels sous les armes soient faits, que les exercices et les manœuvres recommencent, et que les théories sur le service en campagne soient rigoureusement suivies. Que les officiers surveillent surtout les services aux avant-postes et apprennent à leurs soldats à les garder, chose qu'ils savent mal jusqu'à ce jour.

Sous les peines les plus sévères, soldats et officiers doivent se garder à nos avant-postes de toute communication avec l'ennemi, et cela sous quelque prétexte que ce soit.

Qu'on soit plus que jamais sévère sur la question des laissez-passer.

Il faut que dans vingt jours l'ennemi nous trouve mieux que jamais prêts à combattre, et subisse dans un élan suprême le résultat de notre indignation contre tous les ennemis de la République, de quelque nom qu'on les appelle et de quelque titre qu'ils soient affublés.

Que chaque chef de corps me fasse connaître les besoins de ses troupes, j'y satisferai dans le plus bref délai. Toute espèce de permissions ou de causes autres que les cas de réforme ou de convalescence sont suspendues jusqu'à nouvel ordre.

Dijon, le 30 janvier 1871.

Le Général, chef d'état-major général,

BORDONE.

N° 126.

DÉPÊCHE TÉLÉGRAPHIQUE

Bordeaux, le 31 janvier 1871, 10 h. du soir.

Intérieur à Préfets, Sous-Préfets, etc.

Citoyens,

L'étranger vient d'infliger à la France la

plus cruelle injure qui lui ait été donné d'essuyer dans cette guerre maudite, châtiment démesuré des erreurs et des faiblesses du peuple. Paris inexpugnable à la force, vaincu par la famine, n'a pu tenir en respect plus longtemps les hordes allemandes ; le 28 janvier, il a succombé ! La cité reste encore intacte comme un dernier hommage arraché par sa puissance et sa grandeur morale à la barbarie. Ses forts seuls ont été rendus à l'ennemi. Toutefois, Paris en tombant, nous laisse le prix de ses sacrifices héroïques. Pendant cinq mois de privations et de souffrances il a donné à la France le temps de se reconnaître, de faire appel à ses enfants, de trouver des armes et de former des armées, jeunes encore, mais vaillantes et résolues, auxquelles il n'a manqué jusqu'à présent que la solidité qu'on acquiert qu'à la longue. Grâce à Paris, si nous sommes des patriotes résolus, nous tenons à la main tout ce qu'il faut pour nous affranchir ; mais comme si la mauvaise fortune tenait à nous accabler, quelque chose de plus sinistre et de plus douloureux qu'offre la chûte de Paris, nous attendait. On a signé à notre insu, sans nous avertir, sans nous consulter, un armistice, dont nous n'avons connu que très tardivement la coupable légéreté, qui livre aux troupes prussiennes les départements occupés par nos soldats et qui nous impose l'obligation de rester trois semaines au repos pour réunir dans les tristes circonstances où se trouve le pays, une assemblée nationale.

Nous avons demandé des explications à Paris, et Paris garde le silence; attendant, pour vous parler, l'arrivée promise d'un membre du gouvernement auquel nous étions déterminés à remettre nos pouvoirs. Délégation du gouvernement, nous avons voulu obéir pour donner un gage de modération et de bonne foi, pour remplir ce devoir qui commande de ne quitter le poste qu'après avoir été relevé; enfin, pour prouver à tous, amis et dissidents, par l'exemple, que la démocratie n'est pas seulement le plus grand des partis, mais le plus scrupuleux des gouvernements. Cependant, personne ne vient de Paris! et il faut agir! il faut coûte que coûte, déjouer les perfides combinaisons des ennemis de la France. La Prusse compte sur l'armistice pour amollir, énerver, dissoudre nos armées. La Prusse espère qu'une Assemblée réunie à la suite de revers successifs sous l'effroyable chûte de Paris, sera nécessairement tremblante et prompte à subir une paix honteuse. Il dépend de nous, que ces calculs avortent et que les instruments même qui ont été préparés pour tuer l'esprit de résistance, le ramènent et l'exaltent. De l'armistice faisons une école d'instruction pour nos jeunes troupes, employons ces trois semaines à préparer, à pousser avec plus d'ardeur que jamais l'organisation de la défense et de la guerre. A la place de la chambre réactionnaire et lâche que rêve l'étranger, installons l'Assemblée vraiment nationale, républicaine, voulant la paix, si la paix assure l'honneur, le rang et l'intégrité de notre pays; mais capable de vouloir aussi la guerre, et prête à tout plutôt que d'aider à l'assassinat de la France.

Français songeons à nos pères qui nous ont légué une France compacte et indivisible. Ne trahissons pas notre histoire, n'aliénons pas notre domaine traditionnel aux mains des barbares. Qui donc signerait ! Ce n'est pas vous, légitimistes qui vous battez si vaillamment sous le drapeau de la République pour défendre le sol du vieux royaume de France, ni vous, fils des vieux bourgeois de 1789, dont l'œuvre maitresse a été de sceller les vieilles provinces dans un pacte d'indissoluble union.

Ce n'est pas vous, travailleurs des villes, dont l'intelligent et généreux patriotisme s'est toujours représenté la France, dans sa force et dans son unité, comme l'initiatrice des peuples aux libertés modernes. Ni vous enfin, ouvriers propriétaires des campagnes, qui n'avez jamais marchandé votre sang pour la défense de la révolution à laquelle vous devez la propriété du sol et votre dignité de citoyen. Non, il ne se trouvera pas un français pour signer ce pacte infâme. L'étranger sera déçu, il faudra qu'il renonce à mutiler la France, car tous, animés du même amour pour la mère patrie, impassibles dans les revers, nous deviendrons forts, et nous chasserons l'étranger. Pour atteindre ce but sacré, il faut dévouer nos cœurs, nos volontés, notre vie et, sacrifices peut-être plus difficiles, laisser là nos préférences, il faut nous serrer tous autour de la République, faire preuve surtout de sang froid et de fermeté d'âme.

N'ayons ni passions ni faiblesses, jurons simplement comme des hommes libres, de défendre envers et contre tous la France et la République.

Aux armes ! aux armes !

Vive la France, vive la République une et indivisible.

Signé : L. GAMBETTA.

Pour copie conforme :

Le Sous-Préfet,

A. LAMARLE.

N° 127.

RÉPUBLIQUE FRANÇAISE

SOUS-PRÉFECTURE DE BEAUNE

Aux habitants de l'arrondissement de Beaune.

CHERS CONCITOYENS,

Aux paroles de M. Gambetta, si pleines de

patriotisme et de tristesse, permettez moi d'a-
jouter quelques mots pour vous dire l'amer-
tume qui déborde de mon cœur à la vue du sort
qui vous est fait. J'étais heureux et fier de me
trouver à la tête de cet arrondissement, parce
que tous les sentiments élevés d'honneur et
de courage remplissent vos âmes ! J'espérais
que l'étranger qui nous menace depuis si longtemps ne foulerait jamais le sol sacré que vos
bras étaient prêts à défendre ! — Paris a décidé. — Aujourd'hui nous sommes livrés ! et
s'il plait aux Allemands, nous n'aurons plus à
leur opposer que la force morale, puissante
vis à vis des peuples généreux, bien débile en
face des sujets du roi Guillaume !

Aussi longtemps que je croirai pouvoir vous
rendre quelques services, aussi longtemps que,
refoulant l'indignation et la douleur qui m'op-
pressent, je me sentirai assez fort pour vous
être utile, vous saurez que je suis là et que je
ne veux pas quitter sans une nécessité impé-
rieuse la vaillante cité de Beaune !

Courage, mes chers concitoyens !

Confiance toujours, car l'avenir nous appartient! Ne l'oublions pas un seul instant ; notre sort futur ne dépend que de nous seuls! Préparons-nous aujourd'hui à nommer une chambre au sein de laquelle le patriotisme ardent efface toute divergence. Aimons la France de toutes nos forces! restons unis toujours et le jour de la vengeance ne se fera pas longtemps attendre!

Courage! et patience!

Vive la France! Vive la République une et indivisible.

Le Sous Préfet de Beaune :

A. LAMARLE.

Beaune, le 2 février 1871.

Nº 128.

RÉPUBLIQUE FRANÇAISE

DÉPÊCHE TÉLÉGRAPHIQUE

Bordeaux, 31 janvier 1871, 6 h. du soir.

Intérieur et Guerre à Préfets.

Aucune réponse n'a encore été faite à la dépêche qui a été envoyée hier à Versailles, à M. J. Favre, et dont communication vous a été faite. La seule réponse reçue par la Délégation est de M. de Bismark. Il en résulte que l'armistice conclu le 28 durera jusqu'au 19 février ; la ligne de démarcation séparant les deux armées part de Pont-l'Evêque, traverse le département de l'Orne, laisse à l'occupation allemande la Sarthe, Indre-et-Loire, Loir-et-Cher, Loiret, Yonne, traverse la Côte-d'Or, le Doubs et le Jura. Le Nord, le Pas-de-Calais et le Hâvre restent intacts. Les opérations dans la Côte-d'Or, le Doubs et le Jura et le siége de Belfort continuent jusqu'à une entente ultérieure. Reddition de toutes les fortifications de Paris, l'armée de Paris prisonnière de guerre, moins une division conservée pour le service intérieur. La garde nationale reste armée, les troupes allemandes n'entreront pas dans Paris pendant l'armistice; Paris ravitaillé, circulation libre pour les élections.

M. de Bismark ajoute que les forts ont été occupés hier par l'armée allemande ; d'autre part, le général Chanzy a reçu hier du prince Frédéric-Charles communication d'un texte de la convention de Versailles. L'article premier dit que l'armistice commencera à Paris le même jour ; dans les départements, dans un délai de trois jours. Cet armistice s'applique aux forces navales, et les prises faites après le 28 janvier seront rendues. Il sera procédé à l'échange de tous les prisonniers de guerre faits depuis le commencement de la guerre par l'armée française. Paris paiera une contribution de deux cents millions. De tout cela il résulte que rien n'a été stipulé sur les questions de paix ou de guerre, qui demeurent réservées à l'Assemblée convoquée à Bordeaux; d'autre part, qu'entre l'armistice pur et simple annoncé par la dépêche de Versailles signée J. Favre et la convention communiquée par le prince Frédéric-Charles et analysée par M de Bismark, il existe une divergence grave en ce qui touche les opérations dans l'Est.

Comme la dépêche signée Jules Favre annonçait l'armistice sans indiquer de délai et sans dire s'il était général ou partiel, et enjoignait de le faire exécuter immédiatement, les deux ministres de la guerre et de la marine ont envoyé aussitôt des instructions et des ordres aux généraux en chef de corps, commandants de stations navales, pour faire respecter l'armistice, et l'exécution de ces ordres a commencé depuis quarante-huit heures. Cependant les armées prussiennes, sans doute mieux instruites des termes de la convention, ont continué leur mouvement et pris des positions, malgré la résistance et les protestations de nos chefs de corps.

La Délégation, qui n'a, on le voit, reçu sur la convention de Versailles d'autre document officiel français que le télégramme de Versailles, signé Jules Favre, a le droit et le devoir de porter ces faits à la connaissance du pays, afin de faire porter sur qui de droit la responsabilité qui incombe à ceux qui n'ont pas fait connaitre la convention dans toute sa teneur et ont entraîné des erreurs d'interprétation dont les conséquences, au point de vue de notre héroïque armée de l'Est, peuvent être irréparables pour la France.

Signé : L. GAMBETTA.

Pour copie conforme :

Pour le Préfet:
Le Secrétaire général,
NICOLIN.

Nº 129.

RÉPUBLIQUE FRANÇAISE

PRÉFECTURE DE LA COTE-D'OR

Le Préfet de la Côte-d'Or porte à la connaissance de ses administrés les documents qui suivent :

Documents communiqués.

Aucune réponse n'a encore été faite à la dépêche qui a été envoyée hier à Versailles, à M. Jules Favre, et dont voici la teneur :

Bordeaux, 30 janvier 1871.

A M. Jules Favre, vice-président du Gouvernement de la Défense nationale de Paris, à Versailles, au besoin pour faire suivre.

J'ai reçu le télégramme par vous adressé à la Délégation de Bordeaux, le 28 janvier, à 11 heures 15 du soir, et parvenu à destination à 3 heures du matin, le 29 ; nous l'avons porté sans commentaires, en le certifiant confor-me, à la connaissance du pays tout entier. Depuis lors, nous n'avons rien reçu. Le Pays est dans la fièvre ; il ne peut pas se contenter de ces trois lignes. Le membre du Gouvernement dont vous nous annonciez l'arrivée et dont vous ne nous avez pas dit le nom, n'est pas encore signalé par voie télégraphique ni autrement, aujourd'hui 30 janvier, à 2 heures. Cependant il nous est impossible, en dehors de l'exécution pure et simple de l'armistice par les troupes, et dont nous avons assuré le respect, de prendre les mesures administratives que comporte la convocation des électeurs, en l'absence de toutes explications de votre part et sans connaitre le sort de Paris.

Léon GAMBETTA.

Cette nuit, la Délégation du Gouvernement a reçu de Versailles le télégramme suivant :

Versailles, 12 h 15 du matin.

A M. Léon Gambetta, Bordeaux.

Votre télégramme à M. Jules Favre, qui vient de quitter Versailles, lui sera remis de-

main matin, à Paris, sous titre de renseignements.

J'ai l'honneur de vous communiquer ce qui
suit: l'armistice conclu le 28 durera jusqu'au
19 février. La ligne de démarcation séparant
les deux armées part de Pont-l'Evêque en Calvados, traverse le département de l'Orne,
laisse à l'occupation allemande la Sarthe,
l'Indre-et-Loire, Loir-et-Cher, Loiret, Yonne,
entre à travers le territoire composé de la
Côte-d'Or, du Doubs, du Jura, réserve le Nord,
le Pas-de-Calais et la Hâvre intacts.

Les avant-postes se tiendront à 10 kilomètres de la ligne ; armistice des forces navales ;
les captures faites après le 28 seront à rendre ;
les hostilités continueront devant Belfort et
dans le Doubs, le Jura et la Côte-d'Or, jusqu'à
entente ; Assemblée nationale à convoquer ;
reddition de toutes les fortifications de Paris ;
armée de Paris prisonnière de guerre, sauf
effectif nécessaire pour maintenir sûreté intérieure. La garde nationale reste armée. Les
troupes allemandes n'entreront pas en ville
pendant l'armistice, Paris ravitaillé. Circula-

tion libre pour les élections. J'ajoute que les forts ont été occupés aujourd'hui même par nos troupes, et je crois que les élections sont fixées au 8 : la réunion de l'Assemblée à Bordeaux au 12. Epuisement absolu des vivres à Paris : population réduite aux provisions de l'armée allemande. L'Assemblée décidera question de guerre ou conditions de paix.

Signé : BISMARCK.

Dans la soirée d'hier, le Général Chanzy a reçu à son quartier général communication, par le prince Frédéric-Charles, du texte même de la convention intervenue à Versailles.

Convention du 28 janvier.

Entre M. le comte de Bismarck, chancelier de la Confédération germanique, stipulant au nom de Sa Majesté l'Empereur d'Allemagne, Roi de Prusse et M. Jules Favre, Ministre des affaires étrangères du Gouvernement de la Défense nationale, munis de pouvoirs réguliers, ont été arrêtées les conventions suivantes :

Art. 1er. — Un armistice général sur toute la ligne des opérations militaires en cours d'exécution entre les armées allemandes et les armées françaises commence, pour Paris, aujourd'hui même, et pour les départements, dans le délai de trois jours. La durée de l'armistice sera de 21 jours, à dater d'aujourd'hui, de manière que, sauf le cas où il serait renouvelé, l'armistice se terminera partout le 19 février, à midi.

Les armées belligérantes conservent leurs positions respectives, qui seront séparées par une ligne de démarcation. Cette ligne partira de Pont-l'Évêque sur les côtes du département du Calvados, se dirigeant sur Lignières, dans le nord-est du département de la Mayenne, en passant entre Briour (?) et Fromental, en touchant au département de la Mayenne à Lignières. Elle suivra la limite qui sépare ce département de celui de l'Orne et de celui de la Sarthe, jusqu'au nord de Morannes, et sera continuée de manière à laisser à l'occupation allemande les départements de la Sarthe, d'Indre-et-Loire, de Loir-et-Cher, du Loiret, de l'Yonne, jusqu'au point où, à l'est de Quar-ré-les-Tombes, se touchent les départe-ments de la Côte-d'Or, de la Nièvre et de l'Yonne.

A partir de ce point, le tracé de la ligne sera réservé à une entente qui aura lieu aus-sitôt que les parties contractantes seront ren-seignées sur la situation actuelle des opéra-tions militaires en exécution dans les dépar-tements de la Côte-d'Or, du Doubs et du Jura. Dans tous les cas, elle traversera le territoire composé de ces trois départements, en lais-sant à l'occupation allemande les départe-ments situés au nord, à l'armée française ceux situés au midi de ce territoire. Les départe-ments du Nord et du Pas-de-Calais, les forte-resses de Givet et de Langres avec le terrain qui les entoure, à une distance de 10 kilomè-tres, et la péninsule du Hâvre jusqu'à une ligne à tirer d'Etretat dans la direction de Saint-Romain, resteront en dehors de l'occu-pation allemande. Les deux armées belligé-rantes et leurs avant-postes, de part et d'autre, se tiendront à une distance de 10 kilomètres au moins des lignes tracées pour séparer leurs positions.

Chacune des deux armées se réserve de maintenir son autorité dans le territoire qu'elle occupe, et d'employer les moyens que ses commandants jugeront nécessaires pour arriver à ce but.

L'armistice s'applique également aux forces navales des deux pays, en adoptant le méridien de Dunkerque comme ligne de démarcation, à l'ouest de laquelle se tiendra la flotte française, et à l'est de laquelle se retireront, aussitôt qu'ils pourront être avertis, les bâtiments de guerre allemands qui se trouvent dans les eaux occidentales.

Les captures qui seraient faites après la conclusion et avant la ratification de l'armistice seront restituées, de même que les prisonniers qui pourraient être faits de part et d'autre dans les engagements qui auraient lieu dans l'intervalle indiqué.

Les opérations militaires sur le terrain des départements du Doubs, du Jura et de la Côte-d'Or, ainsi que le siége de Belfort, se continueront indépendamment de l'armistice, jusqu'au moment où on se sera mis d'accord sur la ligne de démarcation dont le tracé, à travers les trois départements mentionnés, a été réservé à une entente ultérieure.

Art. 2. — L'armistice ainsi convenu a pour but de permettre au Gouvernement de la défense nationale de convoquer une Assemblée librement élue, qui se prononcera sur l.· question de savoir si la guerre doit être continuée ou à quelles conditions la paix doit être faite.

L'Assemblée se réunira dans la ville de Bordeaux : toutes facilités seront données par les commandants des armées allemandes pour l'élection et la réunion des députés qui la composeront.

Art. 3. — Il sera fait immédiatement remise à l'armée allemande, par l'autorité militaire française, de tous les forts formant le périmètre de la défense extérieure de Paris, ainsi que de leur matériel de guerre. Les communes et les maisons situées en dehors de ce périmètre ou entre les routes pourront être occupées par les troupes allemandes jusqu'à une ligne à tracer par les commissaires militaires.

Le terrain restant entre cette ligne et l'enceinte fortifiée de la ville de Paris sera interdit aux forces armées des deux partis.

La manière de rendre les forts et le tracé de la ligne mentionnée formeront l'objet d'un protocole à annexer à la présente convention.

Art. 4. — Pendant la durée de l'armistice, l'armée allemande n'entrera pas dans la ville de Paris.

Art. 5.—L'enceinte sera désarmée de ses canons, dont les affûts seront transportés dans les forts à désigner par un commissaire de l'armée allemande.

Art. 6. — Les garnisons : armées de ligne, garde mobile et marins des forts et de Paris seront prisonnières de guerre, sauf une divisions de douze mille hommes que l'autorité militaire dans Paris conservera pour le service intérieur. — Les troupes prisonnières de guerre déposeront leurs armes qui seront réunies dans les lieux désignés et livrées suivant règlement par commissaire. Suivant l'usage, ces troupes resteront dans l'intérieur de la ville, dont elles ne pourront pas franchir l'enceinte pendant l'armistice.

Les autorités françaises s'engagent à veiller à ce que tout individu appartenant à l'armée et à la garde mobile reste consigné dans l'intérieur de la ville.

Les officiers des troupes prisonnières seront désignés par une liste à remettre aux autorités allemandes. A l'expiration de l'armistice, tous les militaires appartenant à l'armée consignée dans Paris auront à se constituer prisonniers de guerre de l'armée allemande si la paix n'est pas conclue jusque là. — Les officiers prisonniers conserveront leurs armes.

Art. 7. — La garde nationale conservera ses armes ; elle sera chargée de la garde de Paris et du maintien de l'ordre. Il en sera de même de la gendarmerie et des troupes assimilées, employées à un service municipal, telles que : garde républicaine, douaniers et pompiers : la totalité de cette catégorie n'excédera pas trente-cinq mille hommes. — Tous les corps de francs-tireurs seront dissous par une ordonnance du Gouvernement français.

Art. 8. — Aussitôt après la signature des présentes, et avant la prise de possession des forts, le commandant en chef des armées allemandes donnera toute facilité aux commissaires que le Gouvernement français enverra, tant dans les départements qu'à l'étranger, pour préparer le ravitaillement et faire approcher de la ville les marchandises qui y sont destinées.

Art. 9. — Après la remise des forts et après le désarmement de l'enceinte et de la garnison, stipulés dans les articles 5 et 6, le ravitaillement de Paris s'opérera librement par la circulation sur les voies ferrées et fluviales. Les provisions destinées à ce ravitaillement ne pourront être puisées dans les terrains occupés par les troupes allemandes, et le Gouvernement français s'engage à en faire l'acquisition en dehors de la ligne de démarcation qui entoure les positions des armées allemandes, à moins d'autorisation contraire donnée par le commandant de ces dernières.

Art. 10. — Toute personne qui voudra quitter Paris devra être munie de permis réguliers délivrés par l'autorité militaire française et soumis au visa des avant-postes allemands.

Ces permis et visas seront accordés de droit aux candidats de la députation en province et aux députés à l'Assemblée. — La circulation des personnes qui auront obtenu l'autorisation indiquée ne sera admise qu'entre six heures du matin et six heures du soir.

Art. 11. — La ville de Paris paiera une contribution municipale de guerre de la somme de deux cents millions de francs. Ce paiement devra être effectué avant le quinzième jour de l'armistice. Le mode de paiement sera déterminé par une commission mixte allemande et française.

Art. 12. — Pendant la durée de l'armistice, il ne sera rien distrait des valeurs publiques pouvant servir de gage au recouvrement des contributions de guerre.

Art. 13. — L'importation dans Paris d'armes, de munitions ou de matières servant à leur fabrication sera interdite pendant la durée de l'armistice.

Art. 14. — Il sera procédé immédiatement

à l'échange de tous les prisonniers de guerre qui ont été faits par l'armée française depuis le commencement de la guerre. Dans ce but, les autorités françaises remettront, dans le plus bref délai, des listes nominatives des prisonniers de guerre allemands aux autorités militaires allemandes, à Amiens, au Mans, à Orléans et à Vesoul. La mise en liberté des prisonniers de guerre allemands s'effectuera sur les points les plus rapprochés de la frontière. Les autorités allemandes remettront en échange sur le même point et dans le plus bref délai possible un nombre pareil de prisonniers de guerre français de grades correspondants aux autorités militaires françaises.

L'échange s'étendra aux prisonniers de conditions bourgeoises, tels que les capitaines de navires de la marine marchande allemande et les prisonniers français civils qui ont été internés en Allemagne.

Art. 15. — Un service postal pour les lettres non cachetées sera organisé entre Paris et les départements par l'intermédiaire du quartier général de Versailles.

En foi de quoi les soussignés ont revêtu les présentes de leur signature et de leur sceau.

Fait à Versailles, le 28 janvier 1871.

Signé : Bismarck.

Signé : J. Favre.

Pour copie conforme :

Pour le Préfet de la Côte-d'Or :

Le Secrétaire général,

Nicolin.

N° 130.

RÉPUBLIQUE FRANÇAISE

PROCLAMATION

Français,

Paris a déposé les armes à la veille de mourir de faim. — On lui avait dit : Tenez quelques semaines et nous vous délivrerons. Il a résisté cinq mois, et, malgré d'héroïques efforts, les départements n'ont pu le secourir. — Il s'est résigné aux privations les plus cruelles. Il a accepté la ruine, la maladie, l'épuisement. Pendant un mois, les bombes l'ont accablé, tuant les femmes, les enfants. Depuis plus de six semaines, les quelques grammes de mauvais pain qu'on distribue à chaque habitant suffisent à peine à l'empêcher de mourir. — Et quand, ainsi vaincue par la plus inexorable nécessité, la grande cité s'arrête pour ne pas condamner deux millions de citoyens à la plus terrible catastrophe ; quand, profitant de son reste de force, elle traite avec l'ennemi au lieu de subir une reddition à merci, en dehors on accuse le Gouvernement de la défense nationale de coupable légèreté, on le dénonce, on le rejette. — Que la France nous juge, nous et ceux qui nous comblaient hier de témoignages d'amitié et de respect, et qui aujourd'hui nous insultent ! — Nous ne relèverions pas leurs attaques si le devoir ne nous commandait de tenir jusqu'à la dernière heure, d'une main ferme, le gouvernail que la population nous a confié au milieu de la tempête. Ce devoir, nous l'accomplirons.

Lorsqu'à la fin de janvier nous nous sommes résignés à essayer de traiter, il était bien tard. Nous n'avions plus de farine que pour dix jours, et nous savions que la dévastation du pays rendait le ravitaillement tout à fait incertain. Ceux qui se lèvent aujourd'hui contre nous ne connaîtront jamais les angoisses qui nous agitaient. Il fallait cependant les cacher, aborder l'ennemi avec résolution, paraître encore prêts à combattre et munis de vivres. Ce que nous voulions, le voici : Avant tout n'imposer aucun droit. A la France seule appartient celui de disposer d'elle-même ; nous avons voulu le lui assurer. Il a fallu de longues luttes pour obtenir la reconnaissance de sa souveraineté ; elle est le point le plus important de notre traité. Nous avons conservé à la garde nationale la liberté et ses armes.— Si, malgré nos efforts, nous n'avons pu soustraire l'armée et la garde mobile aux lois rigoureuses de la guerre, au moins les avons-nous sauvées de la captivité en Allemagne et de l'internement dans un camp retranché, sous les fusils prussiens.—On nous reproche de n'avoir pas consulté la délégation de Bordeaux ! On oublie que nous étions enfermés dans un cercle de fer que nous ne pouvions briser. On oublie, d'ailleurs, que chaque jour rendait plus probable la terrible catastrophe de la famine, et cependant, nous avons disputé le terrain pied à pied pendant dix jours, alors que la population de Paris ignorait et devait ignorer sa situation véritable, et qu'entrainée par une généreuse ardeur, elle demandait à combattre. Nous avons donc cédé à une nécessité fatale, nous avons, pour la convocation de l'Assemblée, stipulé un armistice, alors que les armées qui pouvaient nous venir en aide étaient refoulées loin de nous. Une seule tenait encore, nous le croyions du moins. La Prusse a exigé la reddition de Belfort ; nous l'avons refusé et parlé même pour protéger la place, nous avons pour quelques jours réservé la liberté d'action de son armée de secours ; mais ce que nous ignorions, c'est qu'il était trop tard. Coupé en deux par les armées allemandes, Bourbaki, malgré son héroïsme, ne pouvait plus résister, et, après l'acte de généreux désespoir auquel il s'abandonnait, sa troupe était forcée de passer la frontière. La convention du 28 janvier n'a donc compromis aucun intérêt, et Paris seul a été sacrifié. Il ne murmure pas ; il rend hommage à la vaillance de ceux qui ont combattu loin de lui pour le secourir. Il n'accuse pas même celui qui est aujourd'hui si injuste et si téméraire, M. le ministre de la guerre, qui a arrêté le général Chanzy voulant marcher au secours de Paris, et lui a donné l'ordre de se retirer derrière la Mayenne. Non, tout était inutile, et nous devions succomber ; mais notre honneur est debout, et nous ne souffrirons pas qu'on y touche. Nous avons appelé la France à élire librement une Assemblée qui, dans cette crise suprême, fera connaître sa volonté. Nous ne reconnaissons à personne le droit de lui en imposer une, ni pour la paix, ni pour la guerre. Une nation attaquée par un ennemi puissant, lutte jusqu'à la dernière extrémité ; mais elle est toujours juge de l'heure à laquelle la résistance cesse d'être possible.

Nous ne voulons pas que le premier décret de convocation de l'assemblée républicaine en 1871 soit un acte de défiance contre les électeurs. A eux appartient la souveraineté; qu'ils l'exercent sans faiblesse, et la patrie pourra être sauvée. Le gouvernement de la défense nationale repousse donc et annule au besoin le décret illégalement rendu par la délégation de Bordeaux, et il appelle tous les Français à voter sans catégories, pour les représentants qui leur paraîtront les plus dignes de défendre la France.

Vive la République ! Vive la France !

Paris, le 4 février 1871.

> Général TROCHU, Jules FAVRE, Jules SIMON, Eugène PELLETAN, Emmanuel ARAGO, Ernest PICARD, GARNIER-PAGÈS, Jules FERRY.

N° 131.

RÉPUBLIQUE FRANÇAISE

PROCLAMATION

DU GOUVERNEMENT DE PARIS A SES CONCITOYENS

CITOYENS,

Nous venons dire à la France dans quelle situation et après quels efforts Paris a succombé. L'investissement a duré depuis le 16 septembre jusqu'au 26 janvier. Pendant tout ce temps, sauf quelques dépêches, nous avons vécu isolés du reste du monde. La population virile tout entière a pris les armes, les jours à l'exercice, les nuits aux remparts et aux avant-postes. Le gaz nous a manqué le premier, et la ville a été plongée le soir dans l'obscurité, puis est venue la disette de bois et de charbon. Il a fallu, dès le mois d'octobre, suppléer à la viande de boucherie en mangeant des chevaux ; à partir du 15 décembre, nous n'avons pas eu d'autre ressource.

Pendant six semaines, les Parisiens n'ont mangé par jour que 30 grammes de viande de cheval ; depuis le 18 janvier, le pain, dans lequel le froment n'entre plus que pour un tiers, est tarifé 300 grammes par jour ; ce qui fait en tout, pour un homme valide, 330 grammes de nourriture. La mortalité qui était de 1,500, a dépassé 5,000, sous l'influence de la variole persistante et de privations de toutes sortes. Toutes les fortunes ont été atteintes, toutes les familles ont eu leur deuil.

Le bombardement a duré un mois, et a foudroyé la ville de Saint-Denis et presque toute la partie de Paris située sur la rive gauche de la Seine.

Au moment où la résistance a cessé, nous savions que nos armées étaient refoulées sur les frontières et hors d'état d'arriver à notre secours. L'armée de Paris, secondée par la garde nationale, qui s'est courageusement battue et a perdu un grand nombre d'hommes, a tenté, le 19 janvier, une entreprise que tout le monde qualifiait d'acte de désespoir. Cette tentative, qui avait pour but de percer les lignes de l'ennemi a échoué, comme aurait échoué toute tentative de l'ennemi pour percer les nôtres.

Malgré l'ardeur de nos gardes nationaux, qui, ne consultant que leur courage, se déclaraient prêts à retourner au combat, il ne nous restait aucune chance de débloquer Paris ou de l'abandonner en jetant l'armée au dehors et la transformant en armée de secours. Tous les généraux déclaraient que cette entreprise ne pouvait être essayée sans folie; que les ouvrages allemands, léur nombre, leur artillerie rendaient leurs lignes infranchissables; que nous ne trouverions au delà, si par impossible nous leur passions sur le corps, qu'un désert de trente lieues, que nous y péririons de faim, car il ne fallait pas penser à emporter des vivres, puisque déjà nous étions à bout de ressources.

Les divisionnaires furent consultés après les chefs d'armée, et répondirent comme eux. On appela, en présence des ministres et des maires de Paris, les colonels et les chefs de bataillon signalés pour les plus braves. Même réponse. On pouvait se faire tuer, mais on ne pouvait plus vaincre.

A ce moment, quand on avait perdu tout espoir de secours et toute chance de succès, il nous restait du pain assuré pour huit jours et de la viande de cheval pour quinze jours en abattant tous les chevaux. Avec les chemins de fer détruits, les routes effondrées, la Seine obstruée, ce n'était pas, tant s'en faut, la certitude d'aller jusqu'à l'heure du ravitaillement. Aujourd'hui même nous tremblons de voir ces ser le pain et les autres provisions avant l'arrivée des premiers convois. Nous avons donc tenu au-delà du possible, nous avons affronté la chance qui'nous menace encore de soumettre aux horribles éventualités de la famine une population de deux millions d'âmes.

Nous disons hautement que Paris a fait absolument et sans réserve tout ce qu'une ville assiégée pouvait faire. Nous rendons à la population, que l'armistice vient de sauver, ce témoignage qu'elle a été jusqu'à la fin d'un courage et d'une constance héroïques. La France qui retrouve Paris après cinq mois, peut être fière de sa capitale.

Nous avons cessé la résistance, rendu les forts, désarmé l'enceinte, notre garnison est prisonnière de guerre, nous payons une contribution de deux cents millions.

Mais l'ennemi n'entre pas dans Paris ; il reconnaît le principe de la souveraineté populaire ; il laisse à notre garde nationale ses armes et son organisation ; il laisse intacte une division de l'armée de Paris.

Nos régiments gardent leurs drapeaux, nos

officiers gardent leurs épées. Personne n'est emmené prisonnier hors de l'enceinte. Jamais place assiégée ne s'est rendue dans des conditions aussi honorables et ces conditions sont obtenues quand le secours est impossible et le pain épuisé.

Enfin, l'armistice qui vient d'être conclu a pour effet immédiat la convocation, par le Gouvernement de la République, d'une Assemblée qui décidera souverainement de la paix ou de la guerre.

L'empire, sous ses diverses formes, offrait à l'ennemi de commencer des négociations. L'Assemblée arrivera à temps pour mettre à néant ces intrigues et pour sauvegarder le principe de la souveraineté nationale. La France seule décidera des destinées de la France. Il a fallu se hâter ; le retard, dans l'état où nous sommes, était le plus grand péril. En huit jours, la France aura choisi ses mandataires. Qu'elle préfère les plus dévoués, les plus désintéressés, les plus intègres.

Le grand intérêt pour nous, c'est de revivre et de panser les plaies saignantes de la patrie.

Nous sommes convaincus que cette terre ensanglantée et ravagée produira des moissons et des hommes, et que la prospérité nous reviendra après tant d'épreuves, pourvu que nous sachions mettre à profit, sans aucun délai, le peu de jours que nous avons pour nous reconstituer et nous consulter.

Le jour même de la réunion de l'Assemblée, le Gouvernement déposera le pouvoir entre ses mains. Ce jour-là, la France, en se regardant, se trouvera profondément malheureuse ; mais si elle se trouve aussi retrempée par le malheur et en pleine possession de son énergie et de sa souveraineté, elle sentira renaître sa foi dans la grandeur de son avenir.

Général Trochu, Jules Favre, Jules Simon, Eugène Pelletan, Emmanuel Arago, Ernest Picard, Garnier-Pagès, Jules Ferry.

N° 132.

DÉPÊCHE TÉLÉGRAPHIQUE

DÉCRET

Art. Ier. — Les élections auront lieu dans tous les départements le 8 février, conformément au décret publié à Bordeaux par les délégués du Gouvernement, sauf la modification suivante :

Le choix des électeurs pourra se porter sur tout citoyen français, non frappé d'incapacité légale et ayant atteint l'âge requis pour l'éligibilité.

Toutes les incapacités édictées par les lois et décrets et notamment par le décret publié à Bordeaux, sont abolies.

Art. 2. — L'assemblée se réunira à Bordeaux, le 12 février. Le Gouvernement de la défense nationale remettra aussitôt ses pouvoirs entre ses mains.

Fait à Bordeaux, le 4 février 1871.

Le membre du Gouvernement délégué,

Jules SIMON.

N° 133.

RÉPUBLIQUE FRANÇAISE
Liberté, — Egalité, — Fraternité.

Nous, Sous-Préfet de l'arrondissement de Beaune ;

Vu la convention du 22 janvier 1871 ;

Attendu que les élections sans la liberté absolue de toutes communications postales et télégraphiques sont impossibles ;

Attendu que les autorités allemandes, usant du seul droit de la force, s'opposent au rétablissement de ces communications dans les conditions normales ;

En l'absence d'instructions du gouvernement de la République,

ARRÊTONS :

Les élections fixées au 8 février par la convention susdite, n'auront pas lieu dans l'arrondissement de Beaune jusqu'à ce que la situation soit changée.

Fait à Beaune, le 4 février 1871.

Le Sous-Préfet,

A. LAMARLE.

N° 134.

DÉPÊCHE TÉLÉGRAPHIQUE

Bordeaux, 14 février, 11 h. 56 soir.

Intérieur à Sous-Préfet de Beaune.

Dépêche relative à l'armistice envoyée à ministre affaires étrangères, dès que réponse pour ligne démarcation, transmettrai.

E. ARAGO.

Pour copie conforme :

Le Sous-Préfet de Beaune,
A. LAMARLE.

N° 135.

Élections du 8 février

DÉPÊCHE TÉLÉGRAPHIQUE

Dijon, 13 février, 5 h. 40 soir.

Préfet de la Côte-d'Or à Sous-Préfet de Beaune.

MM. Dubois	64,751
Magnin	63,947
Carnot	41,711

Joigneaux. 41,308
Garibaldi (général) . 40,220
Moreau. 39,802
Carion 37,724
Tridon 32,721
Thiers . . . , . . 29,521
Mairet 27,731
Berthaud 27,668
Bouchard 26,487
De Guitaut 25,723
Bordet 24,954
Thénard 10,237
Maitre 4,960

Signé : LUCE-VILLIARD.

Pour copie conforme :

Le Sous-Préfet,

A. LAMARLE.

N° 136.

PRÉFECTURE DE LA COTE-D'OR

AVIS

Le Préfet de la Côte-d'Or,

A l'honneur d'informer ses concitoyens que des pourparlers ont lieu entre les autorités prussiennes et l'administration préfectorale, au sujet de contributions à imposer à notre département, comme à tous les départements occupés, et que des démarches sont faites pour que les exigences qui se sont produites en premier lieu soient diminuées ou supportées par le pays entier.

On ne doit avoir aucune crainte de pillage, ce moyen de coercition n'étant nullement dans les intentions de l'autorité allemande.

Dijon, le 13 février 1871.

Le préfet de la Côte-d'Or,

LUCE-VILLIARD.

N° 137.

DÉPÊCHE TÉLÉGRAPHIQUE

CIRCULAIRE

Paris, 16 février 1871, 5 heures du matin.

Ministre Intérieur, Paris, à Préfets et Sous-Préfets, Maires, chefs-lieux de départements et d'arrondissements de la Côte-d'Or, du Doubs, du Jura, de Saône-et-Loire et de l'Yonne.

Voici le texte de la convention additionnelle signée le 15 février, à l'effet de tracer la ligne de démarcation entre l'armée d'occupation et l'armée française dans les départements de l'Est. Les soussignés, munis des pouvoirs en vertu desquels ils ont conclu la convention du 28 janvier, considérant que par ladite convention il était réservé à une entente ultérieure de faire cesser les opérations militaires dans les départements du Doubs, du Jura et de la Côte-d'Or et devant Belfort, et de tracer la ligne de démarcation entre l'occupation allemande et les positions de l'armée française à partir de Quarré-les-Tombes, dans le département de l'Yonne, ont conclu la convention additionnelle suivante :

Art. 1er. — La forteresse de Belfort sera rendue au commandant de l'armée de siége, avec le matériel de guerre faisant partie de l'armement de la place. La garnison de Belfort sortira de la place avec les honneurs de la guerre, en conservant ses armes, ses équipages et le matériel de guerre appartenant à la troupe, ainsi que les archives militaires ; les commandants de Belfort et de l'armée de siége se mettront d'accord sur l'exécution des stipulations qui précèdent, ainsi que sur les détails qui n'y sont pas prévus, et sur la direction des étapes dans lesquelles la garnison de Belfort rejoindra l'armée française, au-delà de la ligne de démarcation.

Art. 2. — Les prisonniers allemands se trouvant à Belfort seront mis en liberté.

Art. 3. — La ligne de démarcation arrêtée jusqu'au point où se trouvent les trois départements de l'Yonne, de la Nièvre et de la Côte-d'Or, sera continuée le long de la limite méridionale du département de la Côte-d'Or, jusqu'au point où le chemin de fer qui de Nevers, par Autun et Chagny, conduit à Chalon-sur-Saône, franchit la limite dudit département. Ce chemin de fer restera en dehors de l'occupation allemande, de manière que la ligne de démarcation, en se tenant à la distance d'un kilomètre de la ligne ferrée, rejoindra la limite méridionale du département de la Côte-d'Or, à l'est de Chagny, et suivra la limite qui sépare le département de Saône-et-Loire des départements de la Côte-d'Or et du Jura. Après avoir traversé la route qui conduit de Louhans à Lons-le-Saulnier, elle quittera la limite départementale à la hauteur du village de Mallerey, d'où elle se continuera de manière à couper le chemin de fer de Lons-le-Saulnier à Bourg, à une distance de onze kilomètres sud de Lons-le-Saulnier, se dirigeant de la route de l'Ain sur la route de Clairvaux, d'où elle suivra la limite nord-est. Dôle sera libre pour les trains militaires et l'administration allemande.

Art. 4. — La forteresse de Besançon conservera un rayon de dix kilomètres à la disposition de sa garnison. La place forte d'Auxonne sera entourée d'un terrain neutre de trois kilomètres, à l'intérieur duquel la circulation sur les chemins de fer qui de Dijon conduisent à Gray et à Dole, sera libre pour les trains militaires et l'administration allemande. Les commandants de troupes de part et d'autre régleront le ravitaillement des deux forteresses et des forts qui, dans les départements du Doubs et du Jura, se trouvent en possession des troupes françaises, et la délimitation des rayons de ces forts qui seront de trois kilomètres chacun.. La circulation sur les routes ou chemins de fer qui traversent ces rayons sera libre.

Art. 5. — Les trois départements du Jura, du Doubs et de la Côte-d'Or seront compris dès à présent dans l'armistice conclu le 28 janvier, en y appliquant, pour la durée de l'armistice et pour les autres conditions, la totalité des stipulations consignées dans la convention du 28 janvier dernier.

Signé : JULES FAVRE et DE BISMARCK.

N° 138.

SOUS-PRÉFECTURE DE BEAUNE

M. Luce-Villiard, nommé préfet de la Côte-d'Or par la délégation de Bordeaux, a été remplacé hier 17 par un préfet prussien.

Toutes les affaires se traiteront à Beaune dont nous espérons la prochaine évacuation.

Le Sous-Préfet de Beaune,

LAMARLE.

N° 139.

SOUS-PRÉFECTURE DE BEAUNE

A M. le Général commandant les troupes allemandes à Beaune.

Beaune, le 18 février, 11 heures.

Monsieur le général,

J'ai l'honneur de vous exprimer l'étonnement profond que j'éprouve en lisant dans un journal le texte d'une convention signée, le 15 février, entre MM. Jules Favre et Bismark et qui a été adressée par le télégraphe, comme circulaire à tous les Préfets, Sous-Préfets et Maires des départements de la Côte-d'Or, du Doubs, du Jura, de Saône-et-Loire et de l'Yonne, de la part du ministre de l'Intérieur à Paris. Il est plus que singulier que ce télégramme ne me soit pas parvenu.

Quoi qu'il en soit, il résulte du texte officiel de cette convention que la ligne de démarcation est fixée sur la limite même de Saône-et-Loire, sauf, pour la partie de territoire traversée par le chemin de fer d'Autun, où la ligne de démarcation se tient à un kilomètre au nord de ce chemin de fer.

Comme d'ailleurs l'article 3 de cette convention dit textuellement :

« Les trois départements du Jura, du Doubs
« et de la Côte-d'Or seront compris dès à pré-
« sent dans l'armistice du 28 janvier, en y ap-
« pliquant, pour la durée de l'armistice et
« pour les autres conditions, *la totalité des*
« *stipulations* consignées dans la convention
« du 28 janvier dernier, » il en résulte que les

armées allemandes et les avant-postes doivent
se tenir à une distance de dix kilomètres au
moins de Saône-et-Loire et que rien ne justi-
fie ou n'explique leur présence à Beaune.

J'ai donc l'honneur de vous prier de me
faire savoir à quel moment vous exécuterez
la convention signée le 15 février, en éva-
cuant la ville de Beaune.

J'ai l'honneur, Monsieur le Général, de
vous saluer.

Le Sous-Préfet de Beaune,
Signé : LAMARLE.

N° 140.

Beaune, le 18 février 1871.

Monsieur le sous-préfet,

A l'écrit qui m'est parvenu aujourd'hui, j'ai
l'honneur de répondre à M. le sous préfet que
je n'agis ici que comme commandant des troupes et qu'il ne m'appartient pas de disposer
de l'occupation ou la non occupation de cette
place; dépendant moi-même à cet égard essentiellement des ordres de mes supérieurs
auxquels je le prie de s'adresser.

J'ai honneur d'être, monsieur le sous-Préfet, votre très respectueux.

Signé : V. WAGNER,
major-général et commandant de la 2e brigade d'infanterie.

N° 141.

PRÉFECTURE DE LA COTE-D'OR

AVIS

Je fais porter à la connaissance du public que le délai d'armistice a été prolongé, pour toute la France, jusqu'au 21 février, à midi.

Dijon, le 18 février 1871.

Signé : IGEL,
Intendant en chef de l'armée du Sud,
Préfet provisoire.

AVIS

Je fais porter à la connaissance du public que le délai de l'armistice a été prolongé de nouveau, pour toute la France, jusqu'à minuit, du 26 au 27 février.

Dijon, 23 février 1871.

Le Préfet provisoire ,
Signé : IGEL.

N° 112.

PRÉFECTURE DE LA CÔTE-D'OR.

AVIS

Il est parvenu à ma connaissance que M. Luce-Villiard, ex-préfet de la Côte-d'Or, suspendu de ses fonctions par ordre de Son Excellence le général Manteuffel, donne encore aux administrations départementales et municipales ordres et instructions.

En conséquence, je défends, sous peine de poursuites militaires, aux autorités et aux habitants du département toutes relations officielles avec le susdit M. Luce-Villiard.

Dijon, le 2 février 1871.

Le Préfet provisoire,

Signé : IGEL.

Nº 143.

Intérieur à Préfets et Sous-Préfets

M. Jules Favre me communique la dépêche ci-après que je vous adresse à titre de renseignement :

Versailles, le 26 février 1871.

Nous sommes d'accord sur les préliminaires de la paix. Télégraphiez de suite à tous les chefs de corps et commandants supérieurs des divisions, pour qu'ils aient à s'abstenir de toutes reprises d'hostilités. Ordre semblable est expédié sur toute la ligne par l'autorité allemande.

Signé : Jules SIMON.

Nº 144.

Intérieur à Préfets et Sous-Préfets

L'Assemblée nationale a ratifié les préliminaires de la paix. Il y avait 653 votants : Pour 546, contre 107.

Au début de la séance, un député ayant essayé de défendre les auteurs de la guerre, une grande émotion s'est emparée de l'Assemblée. L'incident a été clos par un ordre du jour déclarant que la déchéance de l'Empire a été consacrée par le suffrage universel. Tous les députés ont approuvé cet ordre du jour par leurs acclamations; cinq seulement se sont levés à la contre-épreuve. Le reste de la séance a été solennel et calme; des discours ont été prononcés de part et d'autre sans récrimination ni violence. La douleur a été générale et la même pour ceux qui se résignaient et ceux qui votaient contre. La France subit une grande douleur. Elle doit, sans perdre un instant, s'efforcer de panser ses plaies. C'est surtout quand la Patrie est malheureuse que nous sentons combien elle nous est chère.

Signé : Jules SIMON.

Pour copie conforme :

Le Préfet de la Côte-d'Or, par intérim,

LUCÉ-VILLIARD.

N° 145.

DÉPÊCHE TÉLÉGRAPHIQUE

Administrateur provisoire Côte-d'Or à ministre de l'Intérieur

Nommé administrateur le 4 septembre, prisonnier des Prussiens depuis le 1er novembre, je rentre dans le département occupé par les troupes allemandes et administré par un préfet prussien.

Les circonstances présentes ne me permettant plus de rester à la tête du département, je vous envoie ma démission. Remplacez-moi de suite.

Signé : L. D'AZINCOURT.

2 mars 1871.

N° 146.

Préfet intérimaire à intérieur et à Président Assemblée nationale, Bordeaux:

Nommé par arrêté de Tours le 7 novembre, Préfet par intérim, pendant la captivité de M. d'Azincourt, avec mission spéciale de défendre le département, je joins ma démission à celle de M. l'administrateur titulaire de la Côte-d'Or.

Signé : LUCE-VILLIARD.

Beaune, le 2 mars 1870.

N° 142.

PROTESTATION

—

La Municipalité de Beaune et le Sous-Péfet de l'Arrondissement,

Vu l'article 9 du traité du 26 février ainsi conçu :

> Art. 9. « Il est bien entendu que les
> » présentes ne peuvent donner à
> » l'autorité allemande aucun droit
> » sur les parties du territoire qu'el-
> » les n'occupent point actuelle-
> » ment. »

Considérant que la ville de Beaune n'était pas occupée et ne pouvait pas l'être le 26 février ;

Déclarent s'opposer à toute occupation par un

détachement quelconque des armées allemandes, jusqu'à avis contraire émanant du Gouvernement français à qui la question est soumise.

A Beaune, le 10 mars 1871, 9 h. soir.

Pour le Maire de Beaune,

Le Conseiller municipal délégué,

Signé : J. POIDEVIN père.

Le Sous-Préfet de l'arrondissement,
Signé : A. LAMARLE.

—————

N° 148.

DÉPÊCHE TÉLÉGRAPHIQUE

Paris, 15 mars 1871, 10 h. 10 m.

Ministre affaires étrangères à Préfet Côte-d'Or,

Je m'empresse de vous transmettre ci-après la dépêche que le général Fabrice m'a adressée hier :

« En réponse à votre télégramme du 12
» courant, 11 h. du matin, j'ai l'honneur de
» faire observer que les préliminaires de paix

» ne contiennent pas de disposition relative à
» la ligne de démarcation à observer à partir
» de la source de la Seine jusqu'à la frontière
» suisse.

» Le traité du 4 mars. art. 8, arrêté par les
» généraux de Podbloski et de Valdan a com-
» blé cette lacune. Les troupes allemandes
» sont en conséquence tenues de se retirer
» jusqu'au 28 mars derrière une ligne allant
» de la source de la Seine à la limite de l'ar-
» rondissement de Beaune. De cette ligne de
» démarcation, résulte pour nous le droit d'oc-
» cuper les villes de Dijon et de Beaune. On
» procédera toutefois volontiers et prochaine-
» ment à l'évacuation de Beaune pour répon-
» dre aux désirs de votre Excellence.

» *Signé :* DE FABRICE.

» *Signé :* Jules FAVRE. »

Pour copie conforme :

Le Sous-Préfet de l'Arrondissement,

A. LAMARLE.

N° 149.

DÉPÊCHE TÉLÉGRAPHIQUE

Paris, 14 mars 1871, 4 h. 54 du soir.

Ministre affaires étrangères à Sous-Préfet de Beaune

Le général de Fabrice m'a télégraphié ce matin qu'il se croyait en droit d'occuper Beaune, mais qu'il donnerait de suite l'ordre d'évacuation. Il sera demain à Rouen. Espère serez promptement délivrés.

Jules FAVRE.

N° 150.

DÉPÊCHE TÉLÉGRAPHIQUE

Paris, 15 mars, 10 h. 25 du soir.

Ministre affaires étrangères à Sous-Préfet de Beaune

Je reçois à l'instant un télégramme du général de Fabrice, de Rouen, 14 mars :

« Mon télégramme du 12 mars vous a déjà
» communiqué que l'on est disposé à retirer

» les troupes allemandes de Beaune, tandis
» que l'occupation de Dijon, ville située dans
» la zône qui est convenue rester à la dispo-
» sition de nos armes, sera maintenue. Re-
» grette vivement les rixes dont vous me faites
» part. De notre part, le maintien de la dis-
» cipline ne manquera pas; il est à espérer que
» le gouvernement français voudra prendre les
» mesures indispensables pour maintenir la
» population dans les limites nécessaires. »

J'avais donc raison de vous conseiller la modération. Faites connaître ce télégramme au Commandant du corps d'occupation et réclamez de lui l'évacuation la plus prompte.

Signé: Jules FAVRE.

Pour copie conforme :

Le Sous-Préfet,

A. LAMARLE.

Nº 151.

SOUS-PRÉFECTURE DE BEAUNE

Beaune, le 17 mars 1871, 9 h. du matin.

M. le Maire,

J'ai l'honneur de vous transmettre la dépêche suivante que je reçois à l'instant :

Paris, 16 mars 1871, 10 h. du soir.

Ministre affaires étrangères à Sous-Préfet de Beaune

Je reçois de M. le général de Fabrice, un télégramme ainsi conçu :

« J'ai l'honneur de vous faire part d'un té-
» légramme que je viens de recevoir, et qui
» dit que Beaune sera évacué aussitôt que la
» population adoptera une conduite plus pa-
» cifique. Jusque là nous exécuterons nos
» droits d'occupation jusqu'au 28. »

Je ne saurais donc trop vous engager au calme, à la modération qui peuvent amener une fin plus prompte de souffrances avec lesquelles je sympathise de tout cœur.

Signé : Jules FAVRE.

Il semble résulter de cette dépêche que des rapports ont été faits au général commandant l'armée du Sud allemande, attestant que des manifestations continuellement hostiles ont eu lieu de la part de la population de la ville de Beaune. Comme il n'est pas à ma connaissance que cela soit exact, je vous prie, monsieur le Maire, de me faire *immédiatement* un rapport à ce sujet. Peut-être serait-il bon d'entrer en relation avec l'autorité militaire allemande à Beaune pour avoir des explications plus complètes et pouvoir, au besoin, envoyer aujourd'hui même des délégués à Dijon.

Veuillez, en tout cas, m'instruire sans délai de ce que vous faites pour que je puisse agir de mon côté.

Veuillez agréer, M. le Maire, l'assurance de ma considération la plus distinguée.

A. LAMARLE.

N° 152.

DÉPÊCHE TÉLÉGRAPHIQUE

Versailles, le 19 mars 10 h. 15 du soir.

Ministre affaires étrangères à Sous-Préfet de Beaune

Je reçois de M. le général de Fabrice une dépêche ainsi conçue :

« J'ai l'honneur de vous informer que la ville de Beaune sera évacuée aussitôt après le passage des dernières troupes du 5e corps d'armées, dont le terme est fixé au 24 mars. »

Ce n'est qu'un bien petit adoucissement ; cependant tout est agréable quand on souffre.

Recommandez prudence extrême aux habitants.

Signé : Jules FAVRE.

Pour copie conforme :

Le Sous-Préfet de l'Arrondissement

A. LAMARLE.

N° 153.

DÉPÊCHE TÉLÉGRAPHIQUE

Beaune, 23 mars 1871, 3 h. du soir.

Sous-Préfet de Beaune à Guerre, Versailles

Prière renvoyer dans leurs foyers sans retard mobilisés Côte-d'Or, encore en Afrique, puisque troupes destinées à les remplacer y sont arrivées — avons besoin d'eux.

Signé : A. LAMARLE.

Il a reçu ce matin la réponse suivante :

Versailles, 24 mars, 3 h. du soir.

Guerre à Sous-Préfet de Beaune

Ordre a été donné de renvoyer dans leurs foyers tous les mobilisés qui sont en Afrique.

Signé : LE FLÔ.

Nº 151.

DÉPÊCHE TÉLÉGRAPHIQUE

Versailles, 19 mars 1871, 8 h. 8 matin.

Ministre des affaires étrangères à Sous-Préfet de Beaune.

Au milieu de mes afflictions, la nouvelle de votre délivrance me console. J'espère que nous aurons raison des folies de Paris avant qu'elles vous aient ramené l'invasion prussienne. Remerciez la ville de Beaune de son courage et dites lui que je suis heureux d'avoir pu contribuer à le soutenir.

Signé : JULES FAVRE.

Pour copie conforme :

Le Sous-Préfet de l'arrondissement,
A. LAMARLE.

Nº 155.

SOUS-PRÉFECTURE DE BEAUNE

MONSIEUR LE MAIRE,

Les déplorables événements qui séparent en

ce moment Paris du reste de la France nous créent chaque jour de nouvelles difficultés.

Beaucoup d'affaires dont la terminaison paraissait très-prochaine se trouvent ajournées de nouveau. C'est ainsi qu'il ne m'a pas encore été possible d'obtenir le réglement des factures présentées à la sous-intendance de Beaune par les fournisseurs de l'armée.

Toutefois je vous prie de faire savoir à vos concitoyens qui ont remis ici des factures dûment justifiées que je fais en ce moment de nouveaux efforts auprès du ministre de la guerre pour en provoquer le paiement immédiat.

J'espère réussir dans un bref délai et il ne faut plus qu'un peu de patience encore, après une attente qui, pour un certain nombre, a été bien longue, je le reconnais, mais il n'a pas dépendu de moi que le règlement ne fût fait plus tôt, et je compte maintenant sur une très-prompte solution.

Veuillez agréer, Monsieur le Maire, l'assurance de ma considération très-distinguée.

Le Sous-Préfet : A. LAMARLE.

N° 156.

Le Sous-Préfet de Beaune à Intérieur, à Versailles,

« La mission que j'avais acceptée comme
» Sous-Préfet de la République, étant termi-
» née, je vous prie de recevoir ma démis-
» sion. »

LAMARLE.

Beaune, le 11 avril 1871.

———

N° 157.

RÉPUBLIQUE FRANÇAISE
Liberté, Egalité, Fraternité.

———

Mes chers concitoyens,

Quoique une grande partie de la France
reste soumise à l'occupation étrangère nous
avons des douleurs plus cruelles encore à
subir. Des hommes n'appartenant à aucun
parti politique, mais soudoyés par ceux dont
l'ambition insatiable et la soif de l'or ne recu-
lent jamais devant aucun crime, n'ont pas
craint de lever le drapeau qui a toujours été

le signal des assasinats et du pillage, et cela sous les canons de l'étranger !

Le but de ceux qui les poussent est assez clair pour éblouir même les aveugles : tuer la la république, la noyer dans le sang ! Ne reculer devant aucun massacre, et achever, s'il le faut, le démembrement de la France, pour asseoir sur les ruines leur pouvoir fort et s'ériger en sauveurs de la société !

Au milieu de pareilles luttes, le devoir de tout Français est tracé. Nul n'a le droit de déserter un poste où il est le représentant de la liberté et peut devenir son défenseur ! Il faut que nous affirmions tous aujourd'hui à haute voix notre volonté inflexible de maintenir l'ordre, c'est-à-dire la république, seul gouvernement légal et qui peut assurer à la France la paix et la liberté nécessaires à la guérison de ses plaies.

Serrons-nous autour du gouvernement qui est sorti de nos suffrages pour lui donner la force nécessaire à la défense de nos libertés, et pourqu'il puisse en même temps se séparer nettement de tous les hommes qui, en haine de la République voudraient le pousser à des mesures dont l'étranger ferait le premier son profit.

Français! tous unis dans la même pensée : le salut de la patrie, n'hésitons pas à nous ranger sous le même drapeau, pour que ceux qui s'éloignent de nous soient bien reconnus comme les ennemis dé la France!

N'ayons donc qu'un seul et même cri, toujours :

Vive la France! Vive la République!

Le Sous Préfet de Beaune,

A. LAMARLE.

Beaune, le 4 mars 1871.

N° 158.

RÉPUBLIQUE FRANÇAISE
Liberté, Egalité, Fraternité.

SOUS-PRÉFECTURE DE BEAUNE

Citoyens,

Le canon prussien tonnait dans l'arrondissement de Beaune lorsque je suis arrivé au milieu de vous.

Venu pour le combat, je vous ai trouvés tous prêts à le soutenir vaillamment et à défendre pied à pied le sol de la patrie !

Courageux et intrépides au jour de la bataille, vous êtes restés dignes de vous-mêmes après la lutte !

Lorsque, grâce à des conventions inouïes l'Allemand, comme une lèpre hideuse, s'est répandu jusqu'aux frontières du département, votre attitude est restée fière et patriotique. Vous avez subi l'invasion, mais vous ne l'avez pas acceptée. Vous avez été héroïques jusqu'au dernier jour, et les Allemands, de retour dans leurs foyers, se rappelleront longtemps les habitants de la Côte de Fer.

Ma tâche est terminée maintenant; mais en vous quittant j'emporterai, avec le souvenir précieux de la sympathie que vous m'avez témoignée, la pensée qu'elle est due à mes efforts incessants pour vous aider à supporter dignement les maux de la guerre, à les alléger et à en amener la fin la plus prompte possible.

Je n'oublierai jamais les quelques mois que j'ai passés à Beaune, et, s'il peut m'être donné de vous être utile encore d'une autre manière je serai heureux et fier d'employer mon temps à la défense de vos intérêts, et de vous payer ainsi la dette de reconnaissance que j'ai contractée comme Français, envers ceux qui ont donné à un puissant ennemi une si haute idée de la bravoure bourguignonne.

L'épouvantable guerre civile qui a fait couler tant de sang déjà, ne peut durer longtemps encore : pour la faire cesser sans retard, la France tout entière doit intervenir !

Ce sera ensuite le devoir de tous les bons citoyens d'unir leurs efforts dans une pensée commune d'apaisement et de contribuer à la régénération du pays par leur adhésion sincère aux institutions vraiment républicaines.

La République sauvera la France de la ruine, car elle économisera ses ressources et lui donnera une administration laborieuse et intelligente en nommant les fonctionnaires par la voie de l'élection et du concours.

C'est par la persuasion et par l'exemple,

c'est-à-dire par la pratique des vertus civiques que nous arriverons à faire comprendre et adopter les principes républicains par la masse de la nation. Et alors nous pourrons espérer voir la France reprendre, dans un prochain avenir, la richesse et la puissance qu'elle n'aurait jamais perdues, si elle n'avait été énervée et avilie par vingt ans de servitude.

Vive la France ! Vive la République !

Le Sous-Préfet de l'Arrondissement de Beaune,

A. LAMARLE.

Beaune, le 29 avril